도덕경
묘한 풀이

곽영진 지음

도덕경 묘한 풀이

이 책은 전 세계에서 도덕경을 연구하고
배우는 풍기를 이끌어 나아갈 것이다

곽영진 지음

《도덕경》은 중화문명의 지혜 원천이다
짧은 오천자에 불구하지만
"하늘의 도, 땅의 도, 사람의 도"를 탐구하고
우주와 인생의 발전과 변화의 진리를 밝혀내어
"만경의 왕(萬經之王)"으로 불리운다

道可道，非常道；名可名，非常名。
无，名天地之始；有，名万物之母。
故常无，欲以观其妙，常有，欲以观其徼。
此两者，同出而异名，同谓之玄，玄之又玄，众妙之门。
天下皆知美之为美，斯恶矣；皆知善之为善，斯不善矣。故有无相生，难易相成，长短相形，高下相倾，音声相和，前后相随。

지식공감

서문

《도덕경》이 전해 내려온 지 이천오백여 년 이래 아주 많은 종류의 판본들이 있는데 그중 《도덕경》을 주석한 판본만 해도 1,000종이 넘는다고 한다. 비록 주석한 판본이 아주 많지만, 사람들은 그래도 알아보기 어려워하고 이해하기 어려워하며 그대로 실행하기 어려워한다. 때문에 《도덕경》이 오해되는 경우가 매우 심각하며 또 실제에 부합되지 않는 현학(玄學)이라고 여기고 있다.

사실상 《도덕경》은 우주의 진리와 생명의 실상을 서술하고 있다. 즉 일체 만유, 모든 생명은 어떻게 왔고 우주의 운행 법칙이 무엇인가를 설명하고 있다. 《도덕경》의 내용은 과학과 심리학에 완전히 부합될 뿐만 아니라 과학과 심리학을 훨씬 초월한다. 그러므로 미신이 아니고 종교신앙이 아니며 개인의 주관적인 사상이나 철학적인 관념도 아니다. 《도덕경》은 지구상 가장 높은 지혜의 결정이다.

도덕경

심령으로 읽다

《도덕경》을 배우면 어떤 좋은 점이 있는가?

1. 우주의 모든 것과 만물이 어떻게 형성되었고 우주의 운행 법칙이 무엇인가를 알려준다.
2. 우리의 생명이 어디에서 왔고 도(道)와 우리의 생명이 어떻게 밀접하게 연관되어 있는지를 알려주어 우리들의 마음을 안정시키고 자유롭게 한다.
3. 대자연을 스승으로 모시고 따라 배워 고등지혜를 열게 한다.
4. 유(柔, 유연함)의 지혜를 배워 부부간의 관계와 자식과의 관계 등 가족관계를 개선하고 사람과 사람 사이의 관계를 개선하여 운명을 바꾸게 한다.
5. 우리들을 인도하여 하늘의 도(天道)에 순응하여 행동하도록 이끈다. 조화로운 분위기 자기장(磁場)은 비바람이 순조로우며 오곡이 풍년을 이루고 나라가 태평하며 백성들의 생활이 안정되게끔 촉진한다.
6. 진정한 평등관을 깨닫게 하며 모든 민족, 모든 종교, 모든 나라들이 평등한 존중을 받게 하여 세계평화를 촉진시킨다.
7. 세상 사람들로 하여금 지구는 유기적인 생명체일 뿐만 아니라 "우리 모두의 어머니"이며 인류의 식의주행(食衣住行) 모두가 반드시 지구 어머니에 의존해야 함을 알게 한다. 사람들이 이 사실을 인식할 때면 자동자각적으로 생태환경을 보호하게 된다.

8. 우리들로 하여금 가장 신성한 양심, 애심, 책임심을 회복하게 하여 자비대애(慈悲大愛)의 마음으로 천하 창생들을 평등하게 잘 대해주게 한다.

9. 세상 사람들로 하여금 우리들 모두가 한 뿌리 한 근원에서 왔고 "생명공동체"이며 전 세계 각 나라들은 모두 "운명공동체"임을 알게 한다. 하여 우리들로 하여금 화목하게 지내게 하고 공존 공유하며 다 같이 번영하도록 한다.

10. 인류를 도와 질 높은 삶의 방식을 제시하여 지구를 끝없이 번영, 발전하게 한다.

어떻게 하면 《도덕경》을 읽고 이해할 수 있을 것인가?

1. 자아를 완전히 내려놓아야 한다(致虛極): 과거 《도덕경》에 대한 관념, 지견(知见), 선입견(成見)을 내려놓아야 할 뿐만 아니라 자아의 습관적인 추리와 사유방식도 내려놓아야 한다.
2. 마음의 고요함을 굳게 지켜야 한다(守靜篤): 상서롭고 평온하며 청정(淸淨)한 마음으로 읽어야지 자아의식으로 판단하지 말아야 한다.
3. 대자연과 결합하여 대자연의 글자 없는 천서(天書)를 읽는 방법을 배워야 할 뿐만 아니라 대자연을 스승으로 모시고 따라 배워야 한다.

《도덕경》은 간단하고 명료하지만 매 장절마다 모두 심오한 지혜가 깃들어 있다. 만약 표면의 뜻에 따라 글자를 풀이하면 겉층만 이해하고 문자 뒤에 묻혀진 심오한 지혜와 숨겨진 신비로운 운률(神韻)을 터득하지 못할 것이다.

이 책은 알기 쉬운 우리말로 《도덕경》을 명백히 해석하는 한편, 우리들로 하여금 가장 짧은 시간 안에 《도덕경》의 오묘함을 체험하게 하고 더 나아가 《도덕경》에 대한 흥미를 일으켜 《도덕경》의 문자 뒤에 숨겨진 비밀 코드와 심오한 고등지혜 그리고 깊숙이 파묻힌 무궁무진한 보물을 찾게 한다.

이 책은 전 세계에서 《도덕경》을 연구하고 배우는 풍기(風氣)를 이끌어 나아갈 것이다.

　개인의 행복과 쾌락, 사회의 평온과 국가의 안정, 그리고 세계의 평화와 후대 자손들을 위하여 《도덕경》을 널리 보급하고 더욱 발양하는 신성한 행렬에 참여할 것을 요청하고 열렬히 환영한다. 우리 함께 《도덕경》이 전 세계 모든 가정에 보급될 수 있도록 노력하자.

　이 책을 세계 각국의 언어로 번역하는 것을 환영한다.
　이 책의 저작권 소득은 전액 기부되어 공익사업에 투입된다.

대도가 광범히 전해지고	祝願 (大道廣傳)
비바람이 순조로우며	(風調雨順)
나라가 태평하고 백성들의 생활이 안정되며	(國泰民安)
세계가 평화롭기를 축원한다.	(世界和平)

곽영진 삼가 올림
중국 산동성에서
2017년 4월 17일

차 례

서문 • 4

《도덕경》을 배우면 어떤 좋은 점이 있는가? • 6

어떻게 하면 《도덕경》을 읽고 이해할 수 있을 것인가? • 8

제1장 / 도(道)는 천지만물의 총 원천이다 • 16

제2장 / 도의 특성 이원대립을 초월하다 • 19

제3장 / 평화롭고 안정된 사회를 오랫동안 유지하는 도(道) • 22

제4장 / 도는 만물의 근원이다 • 24

제5장 / 평등하고 무아무사한 사랑 무편애 • 25

제6장 / 도는 천지의 근원이다 • 27

제7장 / 무아무사하기에 하늘과 땅은 오래간다 • 28

제8장 / 물을 스승으로 모시고 관찰하여 도를 깨닫는다 • 30

제9장 / 공을 이루고 물러나는 것이 하늘의 도다 • 32

제10장 / 몸 마음 영혼(身心靈)이 도와 합일하다 • 34

제11장 / 공, 무만이 신묘한 작용을 일으킬 수 있다 • 36

제12장 / 화려한 색깔과 소리의 자극, 전자오락은
　　　　　사람의 마음을 미치게 한다 • 38

제13장 / 명예와 이익, 득과 실(得與失)을 초월하여야
　　　　　중임을 감당할 수 있다 • 40
제14장 / '도'는 어떤 모양일까? • 42
제15장 / 득도하고 도를 행하는 사람의 발자취 • 44
제16장 / 노자(老子)의 수행하여 도를 깨닫는 심법 • 46
제17장 / 묵묵히 선을 행하고 덕을 쌓는다 • 50
제18장 / 도를 잃으면 사회가 혼란해진다 • 52
제19장 / 도에 회귀하면 사회는 안정하다 • 54
제20장 / 다른 사람들은 모두 깨어있고 나만 홀로 취해있다 • 56
제21장 / '공, 무'의 오묘함을 묘사하다 • 59
제22장 / 논리를 초월한 고등 지혜 • 61
제23장 / 만물은 시시각각 유동하고 생멸 변화한다 • 64
제24장 / 자아로 꿈을 쌓으면 수포로 돌아간다 • 66
제25장 / 도는 천지의 어머니이며 도는 대자연을 본받는다 • 68
제26장 / 냉정하고 듬직하여 생명의 주인이 된다 • 70
제27장 / 다른 사람과 잘 어울려 사는데(為人處世) 성공하는 비결 • 72
제28장 / 실상을 깨달아 애초의 순수함과 순박함으로 돌아간다 • 74

차 례

제29장 / 천하는 모든 사람들 것이다 •76

제30장 / "전쟁"은 뒷탈(後患)이 끝없다 •78

제31장 / 전쟁에 의해 살해된 사람은 모두 우리의 혈육이다 •80

제32장 / 하늘의 도에 따르면 비바람이 순조롭다 •82

제33장 / 진정한 부유함과 오래 가는 것 •84

제34장 / 도는 만물을 키우지만 장악하여 통제하지 않는다 •86

제35장 / 담담함에서 진정한 도를 깨닫고 평범한 모습 속에서 진인(眞人)을 알아본다 •88

제36장 / 앞서 적당한 시기를 선명히 통찰하고 지극히 미세한 것까지 분명히 살핀다 •90

제37장 / 무위로 하지만 또 이루지 않는 것이 없다 •92

제38장 / 도(道)→덕(德)→인(仁)→의(義)→예(禮)→지(智)→법(法) •94

제39장 / 하늘의 도를 따르면 나라가 태평하고 백성이 편안하지만, 하늘의 도와 어긋나면 재해가 끊임없다 •98

제40장 / 만물은 '공무(空無)'에서 발원한다. •101

제41장 / 하등 심령 품질인 사람은 도를 들으면 크게 비웃는다 •102

제42장 / 현대 창세기 •106

제43장 / 유연한 것이 굳센 것을 이기고 무위가 유위를 이긴다 •109

제44장 / 명예와 이익을 추구하다가 목숨을 잃는다 • 111

제45장 / 완전함의 아름다움을 감상한다 • 113

제46장 / 매혹되면 아무것도 없지만 깨달으면 아무런 부족함이 없다 • 115

제47장 / 만물을 조용히 관찰하면 모두 스스로 얻으므로
        마음 밖에서(도를) 구하지 말라 • 117

제48장 / 도를 닦아 공(空)에 이르면 신묘한 작용을 일으킨다 • 119

제49장 / 자비 대애로 모든 중생을 선량하게 대한다 • 121

제50장 / 인자한 사람은 적이 없다 • 123

제51장 / 천지 부모의 은혜 • 125

제52장 / 삶과 죽음이라는 인생의 큰 문제를 깨달으면
        마음이 평온하고 자유롭다 • 127

제53장 / 어리석은(无明) 중생은 도의 반대 방향으로 나간다 • 129

제54장 / 덕행이 천하를 적시여 자손만대를 행복하게 한다 • 131

제55장 / 갓난아기의 마음을 회복하여 순진하고 악한 마음이 없다 • 134

제56장 / 세속과 흐름을 같이 하지만 물들지 않는다 • 137

제57장 / 틀이 많을수록 사회가 더욱 혼란하다 • 139

제58장 / 편면적으로 논단을 내리지 말고 논리적인 편협한 관점을
        초월해야 한다 • 142

차 례

제59장 / 근검하고 덕을 쌓으면 나라의 운세가 흥성한다. •144

제60장 / 대도가 널리 퍼지면 천하가 태평하다•146

제61장 / 큰 나라가 아래에 처하면 천하가 귀순한다. •148

제62장 / 명예와 이익을 위하여 양심을 속이지 않는다•150

제63장 / 덕으로 원한을 갚고 조화롭게 공존한다•152

제64장 / 큰 곳에 착안(着眼)점을 두고 작은 일부터 착수(着手)한다.•154

제65장 / 민심이 순박하면 사회가 안정된다•157

제66장 / 강과 바다가 낮은 곳에 있기에 모든 하천이 모인다•159

제67장 / 처세의 세 가지 보물: 자비, 검소, 다투지 않음•162

제68장 / 덕으로 사람들을 따르게 하여 천지와 어울린다•165

제69장 / 전쟁을 모면(避免)하는 것은 군인의 사명이다•167

제70장 / 예로부터 성현(聖賢)은 대부분이 고독하다 •169

제71장 / '모른다'는 것을 아는 것이 진정으로 아는 것이다.•171

제72장 / 백성들이 위엄을 두려워하지 않으면 큰 위협이 닥쳐온다•173

제73장 / 행패를 부리고 악착같이 경쟁하면 일찍이 요절한다•175

제74장 / 가혹한 형벌과 엄격한 법률은 단지 겉만
　　　　　일시적으로 해결할 뿐이다•177

제75장 / 가혹한 정치는 호랑이보다 더 사납다 •179

제76장 / 굳고 강하면 쉽게 패하고 유연하면 쉽게 이룬다•181

제77장 / 만물은 서로 산생하고 서로 억제하면서
        동적인 균형을 유지한다•183

제78장 / 우주에서 가장 위대한 힘―대애(大愛)•185

제79장 / 하늘의 도는 편애가 없고 항상 선량한 사람에게 베푼다•187

제80장 / 한 마을 한 천국•189

제81장 / 함께 나누는 것이 많을수록 생명은 더욱 부유하다•192

부록   모든 인류가 배워야 할 지혜•194

제1장

도(道)는 천지만물의 총 원천이다

도를 언어나 문자로 표현한다면 실상인 도가 아니고
만물에게 붙인 이름은 진정한 만물 본신이 아니다.
무(無)를 천지의 시작이라 이르고 유(有)를 만물의 어머니라 부른다.
때문에 늘 무로 도의 오묘를 관찰해야 하고 유로 도의 현묘함을 깨달아야 한다.
이 둘은 같은 근원에서 나오고 이름만 다를 뿐이지 모두 현묘하다.
현묘하고 또 현묘하여 모든 오묘함이 생겨나는 문이다.

※ 묘한 풀이

도는 우주 본체이고 일체 만물을 발전 변화시키는 총 원천이다. **도**에 관련된 언어, 문자, 형상에 붙인 이름은 모두 **도**에 대한 추상적인 서술일 뿐이다. 추상적으로 서술한 언어, 형상에 붙인 이름은 우주의 영원히 존재하는 **도**와 동등하지 않다.

'명(名)'이란 우주 본체에서 발전 변화되어 나온 일체 만유를 가리키는데 일월성신, 식물, 동물 등을 포함한다. 만물은 본래 이름이 없는데 교류하고 구별하는데 편리하기 위하여 인류가 만물에게 이름을 짓고 표식을 붙여 놓은 것이다. 모든 지은 이름, 명사, 형상에 대한 서술은 유명무실한 표식일 뿐이다. 이름, 표식은 그저 부호일 뿐이지 만물 본신과 동등하지 않다.

광의적인 **도**는 형상으로 나타나지 않은 우주 본체 즉 '공무(空無)'와 이미 형상으로 나타나서 관찰할 수 있는 일체 만유, 일월성신 등을 포함한다.

'공무'에는 아주 거대한 에너지가 매장되어 있어 은하계, 태양계, 지구를 발전 변화시키므로 바로 천지, 태양계의 원천이다. 나타나서 모양이 있고 형상이 있는 천지, 태양계는 더 나아가 식물, 동물, 인류 등 만물을 발전 변화시키므로 만물의 어머니라고 부른다.

그러므로 늘 "공무가 천지일월을 발전 변화"하는 과정으로써 우주 본체 '공무'의 오묘함을 관찰해야 한다. 또 모양이 있고 형상이 있는 천지일월이 식물, 동물, 만물 등을 발전 변화하는 과정에서 한없이 넓은 천지의 위대함과 조화(造化, 만들고 변화시키는 것)의 오묘를 깨달아야 한다.

우주 본체 즉 형상으로 나타나지 않은 공무든지 이미 형상으로 나타난 천지, 일월성신, 만유를 막론하고 모두 **도**라고 한다. 공무와 만유는 비록 이름과 형상이 다르지만 모두 **도**의 일체의 두 면으로서 다만 형상으로 나타났는지 아닌지의 차이일 뿐이다. 이들 둘은 모두 대단히 현묘하다.

도는 아주 현묘하고 또 현묘하여 사람들이 보편적으로 이해하는 그런 뜻이 절대 아니다. **도**는 세상 사람들이 알고 있는 각종 현묘함의 총 근원으로서 정말로 아주 심오하고 대단히 오묘하다.

» 주석

문장 중의 **도(道)**자는 두 가지 부류로 나눈다.

첫 번째 부류의 도자는 이치, 법칙, 규율, 진리, 도로을 가리키는데 이것은 일종의 추상적인 서술과 해석이다.

두 번째 부류의 **도**자는 우주 본체(형상으로 나타나지 않은 부분)를 대표하는데 때로는 본체에서 변화 발전되어 나온 일체 만유, 천지, 일월성신, 대자연(형상으로 나타난 부분)도 포함한다. 이 **도**자는 실상(實相)의 별칭(代號)이다.

공무가 모든 만유를 발전 변화시킨다.

공무가 모든 만유를 발전 변화시킨다.

제2장
도의 특성 이원대립을 초월하다

세상 사람들이 모두 아름다운 것을 아름답다고 범위를 확정하면 그 외의 것은 추(醜)한 것으로 나타나고 선한 것을 선하다고 범위를 확정하면 그 외의 것은 선하지 않은 것으로 나타난다. 그것은 유와 무가 서로 생성하고 어려움과 쉬움이 서로 이루어지며 길고 짧음이 서로 형성하고 높고 낮음이 서로 의존하며 음(音)과 소리(聲)가 서로 호응하고 앞과 뒤가 서로 따르기 때문이다.

그러므로 성인은 무위에 처하여 일을 하고 말 없는(不言) 가르침을 실행한다. 만물을 번창케 하는 일은 마다하지 않고 낳아 길러주되 소유하지 않고 하고도 오만하지 않으며 공적이 이루어져도 자처하지 않는다. 오로지 자처하지 않기에 음덕(陰德)이 사라지지 않는다.

※ 묘한 풀이

광범한 사회 대중이 모두 자기가 무엇이 아름다운 것이고 무엇이 미운 것인가를 분별할 수 있다고 여기는데 이것은 오히려 아주 좋지 않는 풍기(風氣)를 형성하므로 좋은 일이 아니다.

사람들이 모두 자기가 무엇이 선이고 무엇이 악인가를 분별할 수 있다고 여기는데 이것은 좋은 현상이 아니므로 사회 풍기(風氣)를 아주 나쁘게 변하게 한다. (중생들이 자아의 좋아함과 싫어함에서 출발하여 아름다움과 미움, 선함과 악함을 결정하기에 아주 많은 충돌과 대립을 만들어 내고 민심을 어지럽히며 사회 풍기(風氣)를 날로 악화시킨다. 자아가 만약 허황(虛妄)한 분별심을 일으킨다면 각종 이원대립을 만들어낸다.)

  무엇이 아름답다고 계선을 나누는 동시에 무엇이 미운것이다는 것이 만들어지고 무엇이 선한 것이다고 계선을 나누는 동시에 선하지 않는 것도 창조해 놓는다.
  비교하지 않으면 만물은 모두 단순하고 신성한 존재이다. 일단 비교하면 이원 구별을 산생하고 만약 또 각자의 좋아함과 싫어함을 첨가한다면 곧 이원대립과 충돌이 생긴다.
  유와 무는 서로 비교하여 생겨나고 어려움과 쉬움은 서로 비교하여 이루어지며 길고 짧음도 서로 비교하여 형성되고 높고 낮음, 음과 성, 앞과 뒤도 모두 서로 비교하고 구분하여 이런 개념이 형성된 것이다.

  그러므로 득**도**한 성인은 허황된 분별(虛妄分別)을 하지 않고 함부로 판단하지 않으며 제멋대로 나쁜짓을 하지 않고 자신을 하늘의 **도**에 따라 행동하도록 하고 몸소 모범을 보여 무언의 가르침을 실행한다. **도**를 본받아 만물을 생성하고 발육시키며(化育) 중생들에게 이로운 모든 일은 절대로 거절하지 않고 만물을 낳아 키우지만 자기 것이라고 독점하지 않으며 중생들에게 이로운 일을 많이 하지만, 마음속에 조그마한 오만함도 없고 덕과 공을 쌓는 일을 많이 하지만 절대로 공이 있다고 자처하지 않는다.

공이 있다고 자처하지 않으므로 그 쌓아 놓은 음덕이 소실되지 않으며 혜택을 받은 중생들은 마음속에 영원히 새길 것이다. (자만하고 공로가 있다고 자처하는 마음이 있으면 그 공이 아주 빨리 상쇄된다.)

》 주석

이 책 중의 '중생'은 모든 생명체를 가리킨다.

예: 인류, 각종 동물, 식물 등.

천지에는 이원대립이 없다.

대자연은 모든 종족을 평등하게 대한다.

제3장

평화롭고 안정된 사회를
오랫동안 유지하는 도(道)

현능(賢能)한 자를 받들지 말아야 백성들이 다투지 않고 구하기 힘든 물건을 귀하게 여기지 말아야 백성들이 훔칠 일이 없으며 욕망을 일으킬만한 것들을 과시하지 말아야 백성들의 마음이 어지럽혀지지 않는다.

그러므로 성인의 다스림은 그 마음을 비우게 하고 속을 단단히 하며 뜻을 약하게 하고 뼈를 강하게 하며 백성들을 늘 무지, 무욕(無知無欲)으로 인도하여 총명하다고 하는 자들로 하여금 감히 수작을 부리지 못하게 한다. 무위(無為)로 처사하면 다스리지 못할 것이 없다.

※ 묘한 풀이

현능한 사람을 받들어 내세우지 말아야 백성들로 하여금 현명한 사람을 시기하고 유능한 사람을 해치는 악성경쟁에 뛰어들지 않게 한다.

어떤 것이 진귀하고 희귀한 보물이라고 표시하여 내세우(標榜)지 말아야 백성들이 훔치려는 마음이 일어나지 않는다.

백성들의 탐욕스러운 마음을 일으킬만한 각종 사물을 자랑하지 말아야 사람들의 마음이 어지럽혀지지 않는다.

그러므로 **도**를 터득한 성인은 다스림의 중심을 백성들이 허심히 학습할 수 있게 하고 감사의 마음을 항상 간직하게 하며 또 백성으로 하여금 내심이 부유하고 배가 부르며 신체가 건강하고 마음이 편안하도록 하는 것이다. 백성들을 가르쳐서 자아를 약화시키고 사나우지도 않고 흉악하지 않지만, 기개가 있고 도골(道骨)이 있게 한다. 늘 백성을 인도하여 애초의 순수함과 순박함으로 돌아가게 하고 세속의 소총명(世智辯聰)을 배우지 않게 하며 욕망과 욕심을 키우지 않게 하여 세속의 소총명을 즐기고 수작을 부리기 좋아하는 사람들로 하여금 수치스러운 마음을 일으켜 감히 제멋대로 하지 못하게 한다.

도는 대자연을 본받고 하늘의 **도**에 따라 처사하며 자신을 중심으로 함부로 행동하지 않으면 자연히 민풍이 순박해지고 치안이 좋아진다.

제4장

도는 만물의 근원이다

도는 비어 있으나 그 쓰임은 무궁무진하다. 깊고 깊어서 만물의 근원인 것 같다. 맑고 투명하여 마치 존재하지 않는 듯하다. 나는 그것이 누구의 자식인지 모르겠으나 상제(象帝, 모든 형상이 있는 사물)보다 먼저 있었던 것 같다.

※ 묘한 풀이

"**도**—우주 본체—공, 무"는 공허한 상태를 나타내지만 무궁무진하고 거대한 에네지가 가득 차 있어 그 작용이 끊임 없다.

도는 광대하고 깊어(博大深淵), 보기에는 마치 만물과 만유의 원천인 듯하다. 공, 무의 본체는 마치 있는 듯 없는 듯하고, 존재하는 듯하지 않은 듯하다. 나는 도무지 무엇이 **도**를 낳고 **도**를 발전하고 변화하는지 관찰해 내지 못하겠다.

내가 관찰한 실상은 **도**는 마치 하느님(天帝)보다 전부터 이미 존재하고 있었던 듯하다.

제5장

평등하고 무아무사한 사랑 무편애

천지는 평등하고 무아무사한 사랑을 베풀기에 만물을 풀로 묶어 만든 강아지와 동등하게 대한다. 성인도 평등하고 무아무사한 사랑을 베풀기에 백성을 풀로 묶어 만든 강아지와 동등하게 대한다. 하늘과 땅 사이는 마치 풀무와 같아서 비어 있지만 그 작용은 그치지 않고 움직일수록 더욱더 나온다. 말이 많을수록 궁지에 빠지니 차라리 중도(中道)를 지키는 것이 낫다.

※ 묘한 풀이

천지 부모는 편애도 없고 편심도 없으며 평등한 마음으로 모든 인류와 동물, 식물, 만물을 대한다. 심지어 풀로 묶어 만든 강아지도 평등하게 대한다. (그것은 일체 만물은 모두 천지 부모가 생성하고 발육시키기 때문이다.)

도를 터득한 성인도 마찬가지로 편심도 없고 편애도 없으며 평등한 마음으로 모든 백성과 동물, 식물을 좋게 대할 뿐만 아니라 초목, 생태도 모두 백성처럼 여기며 평등하게 잘 대한다.

하늘과 땅 사이는 마치 풀무와도 같다. 풀무 속은 텅 비어 아무것도 없어 보이지만 추동하고 밀고 당기면 바람이 일고 작용을 일으킨다. 보기에는 공허한 것 같지만 무궁무진한 에너지가 함유되어 있어 움직이기만 하면 각종 작용을 발휘하여 만물을 창조하게 된다.

말이 많고 추상적인 관념과 지견(知見)을 많이 서술할수록 오히려 **도**로부터 더욱 멀어지기 쉽다. 그러므로 청정한 본심(淸淨本心)을 지키고 어떠한 선입견(成見)도 없는 청정한 심령(淸淨心靈)으로 보고 깨닫는 것보다 못하다.

도덕경

심령으로 읽다

제6장

도는 천지의 근원이다

곡신(谷神)은 죽지 않으며 이를 이르러 현빈(玄牝, 일체 만물을 형성하는 원천)이라 한다. 이 현빈의 문은 천지의 근원이다. 끝없이 이어져 있는 듯하는데 그 작용은 무궁무진하다.

※ 묘한 풀이

대**도**―우주 본체(곡신)는 죽지 않는다. 이는 일체 만유를 형성하고 변화하는 총 원천이다. 이 일체 만유를 형성하고 변화해낸 총 원천이 바로 천지, 일월성신(日月星辰)의 근원이다.

우주 본체에는 무한한 에너지가 매장되어 있고 끝임없이 이어지며(綿綿不絕) 존재하는 것 같기도 하고 존재하지 않는 것 같기도 하다. 이 에너지는 무궁무진하여 그 쓰임은 끝이 없다.

제7장

무아무사하기에 하늘과 땅은 오래간다

하늘과 땅은 오래간다. 하늘과 땅이 길고 오래갈 수 있음은 스스로 자신의 삶을 도모하지 않기 때문이다.
이를 본 받으므로 성인은 자신을 뒤로 하지만 앞서게 되고 자신을 도외시하지만, 자신이 보존된다. 이는 성인이 사사로움이 없으므로 도리어 그 자신을 성취할 수 있는 것이 아닌가?

※ 묘한 풀이

'하늘(天)'은 이토록 변함없고 '땅(地)' 또한 이토록 오랜 세월 동안 존재한다. 하늘과 땅이 이토록 변함없고 오랜 세월 동안 존재할 수 있는 주요한 원인은 어떤 사심도 없고 자신을 위하지 않기 때문이다. 무아무사로(無我無私) 모든 중생에게 이익을 주기 때문에 오랜 세월 동안 존재할 수 있는 것이다. ('하늘 天'은 허공과 태양을 가리키고 '땅 地'는 지구를 가리킨다.)

하늘과 땅은 모두 **도**의 특징, 특성을 나타내고 있으므로 득**도**한 성인도 하늘과 땅을 본보기로 삼아 따라 배운다.

그러므로 득**도**한 성인은 모든 일을 고려할 때 백성의 이익을 앞세우고 개인의 득실과 명예의 손상, 생사를 도외시한다. 무아무사(無我無私)하고 천하창생들을 마음속에 간직하므로 그 쌓은 음덕은 자연히 후대 자자손손에게 이익을 줄 수 있다.

전혀 사심이 없기 때문에 그 덕행은 자손만대를 적시게 되고 그 생명은 자연히 일월과 함께 빛나고 천지와 영원히 같이 존재한다.

도덕경

심령으로 읽다

제8장

물을 스승으로 모시고 관찰하여 도를 깨닫는다

최상의 선(上善)은 물과 같다. 물은 만물을 이롭게 하지만 만물과 다투지 않는다. 늘 모든 사람들이 싫어하는 곳에 처해 있으므로 도에 가깝다.
성인이 있는 곳은 선한 곳이고 그 마음은 깊숙한 연못과 같으며 늘 인자함을 베풀고 믿음직한 말을 하며 정사를 잘 다스리고 올바르게 일처리를 하며 시기를 맞추어 행동한다. 한 번도 남과 다투지 않으므로 성인은 잘못이 없다.

※ 묘한 풀이

상등의 심령 품질을 갖춘 사람은 물과 같다. '물'은 만물을 이롭게 해줄 뿐만 아니라 또한 만물과 다투지 않는다. '물'은 늘 모두가 싫어하는 낮은 곳에 처하며 또 모두가 싫어하는 오물을 씻어낸다. 물이 나타내는 덕행은 이미 우주 본체, **도**의 특징과 특성에 가까워졌다.

상등의 심령 품질을 갖춘 사람의 거처는 모두 선한 곳이고 복이 넘치는 곳이다.

그의 겸허한 마음은 골짜기처럼 깊고 오만한 마음이 없다.

자비로운 마음으로 모든 중생을 선하게 대하고 남을 도와주기를 즐긴다.

그 말씀은 신용이 있고 믿음직하며 올바른 마음으로 정치 사무를 훌륭히 수행할 수 있으며 일처리 능력이 강하다.

조용히 있을 수도 있고 움직일 수도 있으며 인연을 잘 관찰하여 시기를 잡아 행동하고 책임을 짊어진다.

상등의 심령 품질을 갖춘 사람은 다른 사람들과 다투려고 하지 않는다. 다른 사람과 다투지 않기 때문에 적이 없고 남을 원망하고 탓하는 마음이 없다.

제9장

공을 이루고 물러나는 것이 하늘의 도다

지니고 있으면서 가득 채우려는 것보다 그만두는 것이 낫다. 애써 다듬어 예리하게 만들어도 오래 유지할 수 없다. 금과 옥이 집안에 가득 차도 그것을 오래 지킬 수가 없고 부귀하다고 교만하면 스스로 화근을 남기게 된다. 공을 세우고 이름을 날린 뒤 물러나는 것이 하늘의 도다.

※ 묘한 풀이

자만하고 뽐내고 우쭐거리는 것이 침묵을 지키는 것보다 못하다.

재주를 드러내고 자신을 내세우기 좋아하는 사람은 쉽게 좌절을 초래하게 되니 그 기세를 오래 보유하지 못한다.

금과 옥이 집안에 가득하여 보기에는 부유한 것 같지만 그 주위에 호시탐탐 재물을 노리는 자들이 아주 많으니 누구라도 오래 보유할 수 없다.

부귀하다고 교만하는 사람은 자신의 처지를 잊고 우쭐거릴 때 나쁜 결과를 가져오는 원인의 종자(惡因)를 심기 쉬우므로 스스로 재앙을 초래하게 된다.

  공을 세워 명성을 떨칠 때 뽐내지 않고 공로가 있다고 자처하지 않으며 직위에 집착하지 않고 (관직에 애착을 두지 않음) 내려놓을 수도 있고 물러설 수도 있는 것이 하늘의 **도**에 맞는 것이다.

도덕경

심령으로 읽다

제10장

몸 마음 영혼(身心靈)이 도와 합일하다

육체와 혼이 도와 하나로 합쳐서 떠나지 않을 수 있는가?
기를 고르고(專氣) 부드럽게 하여 갓난아기 같을 수 있는가?
마음의 거울을 말끔히 닦아서 티끌 하나 없게 할 수 있는가?
나라를 사랑하고 백성을 다스릴 때 무위로 할 수 있는가?
감각기관을 통해 외부와 접촉할 때 부드럽고 평온할 수 있는가?
뚜렷이 깨달았고 걸림이 없어도 겉보기에는 무지(無知)한 것 같을 수 있는가?
낳고 기르지만 소유하지 않고 많은 일을 하지만 오만하지 않으며 키우지만 지배하지 않는다. 이를 이르러 현묘한 덕(玄德)이라 한다.

※ 묘한 풀이

 당신은 몸과 마음을 초점에 모아 **도**와 합일하여 잠시간도 떠나지 않을 수 있는가?

 당신은 마음이 평온하고 기를 부드럽게 하며 몸과 마음을 유연하게 하여 갓난아기처럼 순진하고 순결할 수 있는가?

 당신은 마음과 영혼의 더러움과 독소를 철저히 제거하여 청정(清

靜)하고 밝고 오염없게 회복할 수 있는가?

당신은 무위(無爲)의 방식으로 나라를 다스리고 백성을 사랑할 수 있는가? (무아무사하고 백성들을 괴롭히지 않으며 대립과 충돌을 만들지 않는다.)

당신은 부드럽게 말하고 유연하게 행동하며 자비로써 일체중생들을 대할 수 있는가?

당신이 생명의 실상(實相)을 명백히 알고 우주의 진리에 통달하여도 겉으로는 어리석은 것처럼 보이게 할 수 있는가?

당신이 **도**를 체험하고 **도**를 깨닫고 **도**를 수행(行)하면 점차적으로 **도**의 특징, 특성대로 할 수 있다. 즉 다만 묵묵히 만물을 형성변화(生化)하고 육성(養育)할 뿐이다.

만물을 낳고 기르지만 점유하지 않고 중생에게 이익을 주는 일을 많이 하지만 마음속에 조그마한 오만함도 없으며 만물을 키워주지만 지배하여 통제하지 않는다.

이것이 바로 이른바 현묘한 덕이라는 것이다.

제11장

공, 무만이 신묘한 작용을 일으킬 수 있다

서른 개의 바큇살이 하나의 골(轂)에 모이는데 그 바퀴의 가운데 빈 공간이 있어서 수레바퀴의 기능을 갖추게 된다.
진흙을 빚어 그릇을 만드는데 그 가운데 빈 공간이 있어서 그릇의 작용이 있게 된다.
벽을 뚫고 문과 창문을 내어 방을 만드는데 그 안에 빈 공간이 있어서 방의 쓸모가 있게 된다.
그러므로 유(有)는 편리함을 주고 무(無)가 쓰임을 발휘하는 것이다.

※ 묘한 풀이

각종 재료로 차 한대를 만드는데 차 안에 반드시 공, 무의 공간을 남겨 놓아야 한다. 이렇게 하여야 이 차량을 사용할 수 있다. (만약 공, 무의 공간이 없다면 이 차는 물건을 실을 수 없다.)

진흙으로 각종 그릇을 만드는데 그 그릇에 반드시 공, 무의 공간을 남겨놓아야 한다. 이렇게 하여야 이 그릇이 작용을 발휘할 수 있다.

집 한 채를 지어도 반드시 문, 창문과 공, 무의 실내 공간이 있어야 한다. 이렇게 하여야 이 집을 정상적으로 사용할 수 있다.

그러므로 여러분들이 알아야 할 것은 각종 형상과 모양이 있는(有形有相) 재료는 다만 일종의 편리이고 우리가 진정으로 사용하려는 것은 공, 무의 공간이다. '공, 무'만이 신묘한 작용을 일으킬 수 있는 것이다.

도덕경

심령으로 읽다

제12장

화려한 색깔과 소리의 자극,
전자오락은 사람의 마음을 미치게 한다

화려한 색깔은 사람의 눈을 멀게 하고 요란한 소리는 사람의 귀를 먹게 하며 자극적인 음식은 사람의 입맛을 잃게 한다. 말을 타고 달리며 사냥하는 것은 사람의 마음을 미치게 하고 얻기 어려운 재물은 사람의 행위를 어지럽힌다.
때문에 성인은 배를 채우지, 눈을 위하지 않으며 저것을 버리고 이것을 취한다.

※ 묘한 풀이

만약 각종 화려한 색채를 너무 중시하면 늘 향락 세계에 깊이 미혹되어 쉽게 사람으로 하여금 눈이 멀게 하고 마음을 잃게 한다.

각종 강한 음량의 자극을 너무 중시하면 청각신경을 점점 마비시키고 심지어 귀머거리로 되어 버린다.

만약 늘 자극적이고 자극량이 심한 음식을 (지나치게 신 것, 지나치게 매운 것, 지나치게 짠 것…) 즐겨 먹으면 미각 신경이 점점 마비된다.

만약 사냥이나 폭력적인 전자오락에 깊이 미혹되면 인간의 폭력성, 흉악성, 야만성을 증장시키고… 점점 인간의 본성을 상실하여 미쳐 버린다.

희귀한 금은보화를 모아 놓으면 마음속으로 늘 다른 사람이 와서 빼앗는 것을 경계해야 하므로 그 마음은 오히려 자유와 자재를 잃어 버린다.

그러므로 **도**를 터득한 성인은 내적인 아름다움을 풍부히 하는 것에 중시를 두며 심령을 부유하고 행복하고 즐겁게 하며 반면에 외재적으로 화려함과 감관 향수를 추구하지 않는다.

지혜가 있는 사람이라면 무엇을 내려놓고 무엇을 중시해야 하는 것을 알게 될 것이다.

제13장

명예와 이익, 득과 실(得與失)을 초월하여야 중임을 감당할 수 있다

총애를 받거나 수모를 당하면 모두 놀란다. 이러한 현상은 자아가 있기 때문에 큰 환난이 생기는 것이다.

무엇을 총애를 받거나 수모를 당하면 모두 놀란다고 하는 것인가? 총애를 받으면 위(上)에 서고 수모를 당하면 아래에 서는 것이다. 얻어도 놀라워하고 잃어도 놀라워하는 것을 총애를 받거나 수모를 당하면 모두 놀란다고 한다.

무엇을 자아가 있으면 큰 재난이 있다고 하는가? 우리에게 큰 재난이 있는 까닭은 바로 자아가 있기 때문이다. 우리에게 자아가 없다면 무슨 재난이 있겠는가? 그러므로 천하를 제 몸처럼 귀하게 여기는 자에게 천하를 맡길 수 있고 천하를 제 몸처럼 아끼는 자에게 천하를 위탁할 수 있다.

※ 묘한 풀이

보통 사람은 만약 갑자기 총애를 받거나 수모를 당하면 모두 당황한다. 사람들이 늘 얻기 전에는 얻으려고 노심초사하고 얻은 뒤에는 잃을까 봐 걱정하는 주요 원인은 자아의식이 아주 강하고 신견(身見)이 있기 때문이다.

무엇이 총애 받거나 수모 당하거나 모두 놀란다고 하는가? 총애를 받으면 높은 관직으로 승진하는 것이고 총애를 잃으면 벼슬에서 밀려나 아래로 떨어지는 것이다. 갑자기 총애를 받아 승급하거나 혹은 수모를 당해 떨어지거나 모두 사람으로 하여금 마음이 당황해지게 한다.

무엇이 자아가 있으면 큰 재난이 있다고 하는가? 우리가 얻기 전에는 얻으려고 노심초사하고 얻은 뒤에는 잃을까 봐 걱정하며 늘 안절부절못하는 원인은 강렬한 신견이 있고 자아보호 의식이 아주 강하며 개인소아(個人小我)의 명리득실을 매우 중시하기 때문이다.

우리가 신견이 없고 소아의식(小我意識)이 없으며 이기적으로 자신만을 위하는 마음이 없는 이런 드넓은 마음의 넓이에 도달할 수 있을 때 개인의 승급이나 하강 같은 사소한 일을 두고 얻기 전에는 얻으려고 노심초사하고 얻은 뒤에는 잃을까 봐 걱정하지 않는다.

신견을 깨고 소아의식을 타파한 사람의 모든 행위는 자연히 천하 창생을 마음에 두는 것이지 절대 이기적으로 자신만을 위하려 하지 않는다. 이런 사람은 세상에서 아주 진귀하므로 천하와 국가의 중임을 이런 사람에게 맡길 수 있다.

소아의식을 타파한 사람은 자연히 자비 대애의 마음으로 천하 창생을 평등하게 사랑하므로 천하와 국가의 중임을 이런 무아무사(無我無私)한 사람에게 위탁할 수 있는 것이다.

제14장

'도'는 어떤 모양일까?

보아도 보이지 않으므로 이(夷)라 하고 들어도 들리지 않으므로 희(希)라 하며 잡아도 잡히지 않으므로 미(微)라 한다. 이들 셋으로 완전히 해석할 수 없으므로 하나로 합쳐 설명한다. 도는 너무 밝지도 너무 어둡지도 않다. 끊임없이 산생하고 멸망하기에 이름을 지을 수 없고 다시 공, 무에로 되돌아간다. 이것을 모양이 없는 모양이라 하고 아무것도 없는 모습이라 하며 황홀(惚恍)하다고 한다. 맞이하여 보아도 그 시작이 보이지 않고 따라가 보아도 그 끝이 보이지 않는다. 옛날부터 존재하는 이 도를 장악하여 매 시각에 응용한다. 도가 만물의 시작임을 알 수 있는 것을 도기(道紀, 도의 운행 법칙을 깨달았다.)라고 한다.

※ 묘한 풀이

일체 만유를 발전 변화시킬 수 있는 우주 본체 공무는 너무 현묘하다. 육안으로 보아도 보이지 않으므로 이(夷)로 형용할 수밖에 없고 귀로 들어도 무슨 소리든 들리지 않으므로 변통하여 희(希)로 형용할 수밖에 없으며 손으로 잡으려 해도 아무것도 잡히지 않으므로 변통하여 미(微)로 형용할 수밖에 없다.

공, 무는 아주 현묘하여 아무리 어떻게 묘사하고 형용하여도 인류의 언어 문자로 명확하게 설명할 수 없으므로 다만 합쳐서 대략적으로 묘사할 뿐이다. (다만 마음속으로 깨닫고 이해할 수 있을 뿐이다.)

혼돈(混沌, 천지개벽 초에 아직 만물이 확실히 구별되지 않은 상태)한 우주 본체 '공, 무'는 아주 밝지도 않고 또 아주 어둡지도 않다. 내가 관찰한 공, 무안의 에너지는 끊임없지만 무엇이라 이름을 지어줄 수 없다. 왜냐하면 찰나 찰나에 생멸 변화하고 생기자마자 곧 사라지기때문이다.

'공, 무'는 모양이 없는 모양이고 물질이 존재하지 않는 상이다. 가물거리고 찰나에 생멸 변화한다.

나는 줄곧 우주 본체 '공, 무'의 시작점을 보려 했지만 아무리 보아도 시작점을 보지 못하였다. 또 그 종점(終點)을 찾으려 했지만 아무리 찾아도 그 종점을 찾지 못하였다. (시작도 없고 끝도 없다.)

예로부터 영원히 존재하는 **도**를 지킬 수 있으면 **도**의 특징, 특성을 배울 수 있고 매시각 경력하는 각종 인연과 직면한 각종 경지(歷緣對鏡)에 응용할 수 있어 매우 실용적이다.

예로부터 영원히 존재하는 대**도**를 깨달을 수 있으면 **도**가 일체 만유의 총 근원임도 깨닫게 되는데 이것이 바로 **도**를 깨닫고 **도**에 밝다는 것이다.

제15장

득도하고 도를 행하는 사람의 발자취

옛날에 도를 잘 행하는 사람은 미세하고 심오하며 현묘한 것에 통달하고 막힘이 없어 그 깊이를 알 수가 없다. 그 깊이를 알 수 없으므로 억지로 다음과 같이 묘사해서 말한다.
조심하기를 마치 겨울에 강을 건너는 듯하고 머뭇거리기를 마치 주위의 사람들을 두려워하는 듯하며 엄숙하기를 마치 손님인 듯하다. 풀어져 어울림은 마치 봄날에 얼음이 녹는듯하고 돈후(敦厚)함은 마치 다듬지 않은 통나무인 듯하며 텅 비고 넓은 마음은 마치 깊은 골짜기인 듯하고 세상과 어울림이 마치 혼탁한 물에 물들지 않는 듯하다. 누가 어두운 속세에서 진리를 전하여 점차적으로 밝아지게 할 수 있겠는가? 누가 혼탁한 것을 고요하게 하여 서서히 맑아지게 할 수 있겠는가? 누가 평온한 것을 유동시켜 서서히 생기가 넘치게 할 수 있겠는가?
이 도를 지키는 사람은 자만하려 하지 않는다. 오직 자만하지 않기 때문에 능히 낡은 것을 버리고 새로운 것을 이룰 수 있다.

※ 묘한 풀이

옛날에 **도**를 잘 수련하고 **도**를 잘 행하는 사람은 정밀하고 현묘하여 어디로 가든지 무엇을 하든지 다 순조롭다. 그들의 지혜, 포함한 내용(內涵)은 정말로 심오하여 그 깊이를 알 수 없다. 그 깊이를 알 수가 없으므로 겨우 약간의 언어로 아래와 같이 형용할 수 있을 뿐이다.

일을 처리할 때 조심하기를 마치 겨울에 내를 건너는 듯하고 일을 할 때 심사숙고하고 행동하기를 마치 남의 노여움을 살까 봐 두려워하는 듯한다.

어떤 때 보기에는 좀 엄숙하여 마치 손님과 같으며 어떤 때 또 열정이 넘쳐나 마치 봄바람이 불어 얼음과 눈을 녹일 수 있는 듯하다.

품성이 돈후(敦厚)하고 성실하며 소박하고 착실하다.

마음이 무한히 넓을 뿐만 아니라 또 매우 겸허하다(虛懷若谷).

세상 사람들과 함께 어울리지만 물들지 않고 뛰어난 재능과 지혜가 있지만 드러내지 않아 겉으로는 어리석어 보인다.

우주 대**도**에 대해 대다수 중생들은 전혀 알지 못한다. 누가 우주 대**도**를 모르는 사람들을 점차적으로 알고 깨닫게 할 수 있겠는가? 누가 이 혼탁한 세상 기풍과 인심을 인도하여 조용하게 한 다음 깨끗하게 할 수 있겠는가? 누가 안일을 탐내는 중생들의 마음을 점차 풀어주고 유동시켜 생명의 의의를 발휘하게 할 수 있겠는가?

도를 깨닫고 득**도**한 사람은 자만하지 않고 제자리걸음을 하지 않으며 멈추어 있지 않는다. 자만하지 않고 제자리걸음을 하지 않으며 여전히 끊임없이 허심히 학습하므로 그의 생명은 영원히 새로움을 보존한다. 부단히 성장하고 창조력도 끊임없다.

제16장

노자(老子)의 수행하여 도를 깨닫는 심법

자아를 완전히 내려놓고 마음의 고요함을 굳게 지키면 만물이 함께 생장하고 발전하며 부단히 순환하는 것을 나는 보게 된다.
만물은 무성하게 자라지만 나중에 제각기 그 근원으로 되돌아가고 근원으로 돌아감을 일러 정(靜)이라 하며 이것을 일러 생명의 근원으로 복귀하였다고 한다. 생명의 근원으로 복귀함은 영원히 변하지 않는 법칙이고 이 법칙을 아는 것을 일러 명(明)이라 하며 이 법칙을 모르면 제멋대로 행동하여 재앙을 초래하게 된다. 영원히 변하지 않는 법칙을 알면 포용(包容, 모든 것을 기꺼이 받아들임.)하게 되고 포용(包容)하면 공평, 공정해지며 공평, 공정해지면 완전하다. 완전하면 하늘과 같고 하늘과 같으면 도와 합일한 것이다. 도와 합일하면 오래 갈 수 있으며 영원히 사라지지 않는다.

※ 묘한 풀이

자아를 완전히 내려놓고 그 어떤 선입견(成見)이 없이 몸과 마음을 느슨하고 조용하게 하여 마음이 비고 밝으며 고요한 상태에 처하여 있게 한다. 이때 점차 만물이 무질서하지만 모두 무성하게 자라고 생성하고 멸망하며 끊임없이 생장하고 번성하는 대자연의 순환 운행 법칙을 똑똑히 볼 수 있다.

　비록 만물은 함께 생기고 자라며 무성하지만, 낙엽이 뿌리로 돌아가듯이 나중에 모두 다시 그 근원으로 회귀한다. 생명은 어디에서 오면 곧 어디에로 되돌아 간다. 생명의 근원으로 되돌아 가면 생명은 자연히 안심하고 자유로우며 평온하다. 즉 '복명(復命)' 생명의 본원(本源)으로 회복하여 **도**와 합일한다.

　생명이 어디에서 오면 곧 어디에로 회귀한다. 즉 만물은 모두 생명의 본원, 본연(本然)으로 회복하는데 이것은 우주가 운행하는 법칙이고 영원히 불멸하는 진리다. (일체 만유는 **도**에서 발원하고 또 **도**에로 회귀한다.)
　우주(**도**)의 운행 법칙을 깨닫고 생명의 실상을 깨달으면 '명(明)'이라 한다. 철저히 깨닫고 확실히 아는 것이다.
　만약 우주(**도**)의 운행 법칙을 모른다면 반대 방향으로 나아가고 제멋대로 나쁜 짓을 하여 재난을 가져오게 된다.
　우주 대**도**는 끝없이 넓고 시작도 없고 끝도 없으며 일체 만유를 발전하고 변화(演化)하며 일체 만물을 양육할 뿐만 아니라 평등하게 대한다. 모든 생명도 모두 **도**가 생성하고 발육시킨다.

　우리가 우주의 운행 법칙, 생명의 실상을 깨달을 때면 자연히 우리의 **도**의 특징 특성을 깨우쳐 주어 **도**처럼 만유를 포용(包容)하게 된다.

마음이 넓어서 일체를 포용(包容)할 수 있으면 사람을 대할 때나 일을 처리할 때나 자연히 공평하고 공정하다.

사람 됨됨이와 처세함에 있어서 포용량이 있고 공평하고 공정하면 일을 고려할 때 자연히 빈틈이 없고 전면적으로 골고루 돌본다.

빈틈이 없이 전면적으로 골고루 돌보고 어느 한쪽으로 기울지 않는 사람은 그 덕행이 '하늘'과 같아 무아무사하게 일체중생을 평등하게 사랑한다. (태양처럼 사심이 없이 지구상의 모든 사람, 동물, 식물을 고루 비춘다.)

하느님(태양·허공, 虛空)이 바로 **도**가 드러난 모습이다.

사람의 덕행이 만약 하느님, 태양처럼 무아무사하게 일체중생들을 평등하게 사랑할 수 있다면 이는 진정으로 득**도**한 사람이다. 득**도**한 사람의 모든 행위는 온 천하에 혜택을 주고 그 생명은 자연히 일월과 함께 빛나며 천지와 공존한다. 비록 형상이 있는 육체는 이 세상에서 소실되지만, 그 생명은 죽지 않는다. 그 지혜, 그 음덕은 일월과 빛을 같이 하고 그 생명, 그 심령은 천지와 공존한다.

물을 관찰하여 도를 깨닫다.

만물은 무성하게 자라지만 나중에 제각기 그 근원으로 되돌아간다.

제17장

묵묵히 선을 행하고 덕을 쌓는다

최고의 높음은 그 존재를 모르고 그다음은 친근하게 대하고 찬양하며 그다음은 두려워하고 그다음은 업신여긴다. 신용을 지키지 않으면 다른 사람도 그를 믿지 않는다. 말이 적지만 귀중한 것은 신용을 지키는 것이다.
공로가 이루어지고 일이 성취된 후 백성들은 모두 "그것은 스스로 이루어진 것이다"고 한다.

※ 묘한 풀이

진정으로 우리 생명에 가장 중요한 원소들은 오히려 세상 사람들이 그 존재와 중요성을 모른다. (예를 들면 태양, 대지, 흐르는 물, 공기, 허공. 이런 원소들이 없다면 우리는 모두 살 수 없다.)

우리 생명 존재의 중요성에 다음인 것을 세상 사람들은 친근하게 대하고 찬양하며 따르기를 좋아한다. (예를 들면 부모, 도를 터득한 국왕, 지혜가 있는 선생님….)

그다음으로 우리 생명을 위협하고 위엄이 있는 것을 세상 사람들은 그에 대해 무서워(畏懼)하고 경외(敬畏)한다. (예를 들면 엄격한 아버지, 독재자, 독단적인 군주.)

마지막으로 우리 생명에 해를 끼치고 고통을 가져다주는 이런 사람들을 세상 사람들은 모욕하고 업신여긴다. (예를 들면 폭도, 폭군, 강도.)

신용을 지키지 않는 사람은 다른 사람들이 그를 믿지 않는다. 말은 많이 하는데 있는 것이 아니라 가장 진귀한 것은 신용을 지키고 약속을 중히 여기는 것이다.

도를 터득한 사람들은 묵묵히 인류를 위하여 아주 많은 중요한 일들을 하고 있다. 공로가 이루어지고 업적이 성취된 후 백성들은 모두 "그것은 자연스럽게 이루어진 것이다"고 한다. (이것은 "최고의 높음은 그 존재를 모른다"는 것을 실증한다.)

제18장

도를 잃으면 사회가 혼란해진다

대도가 사람들의 마음속에서 사라지니 인의(仁義)가 생기게 되고 지혜가 나타나니 큰 거짓이 있게 되며 육친이 화목하지 않으니, 효도와 자애가 생기게 되고 나라가 혼란하니 충신이 있게 된다.

※ 묘한 풀이

우리의 양심(良心), 청정본심(淸淨本心)이 바로 대도의 마음이다.

양심을 소홀히 여길 때에야 비로소 인의를 강조하게 된다. (우리의 양심은 이원대립이 없는데 인의를 말할 때는 이미 이원대립이 함께 생겼다.)

대도가 널리 전해진 세계에서 중생들은 평등하며 민풍은 정직하고 무던하며 순박하다. 사회에 만약 세속의 소총명과 매끄러운(圓滑) 기풍이 유행되면 아귀다툼하고 사기를 치며 허위적인 현상을 형성하게 된다.

대도가 널리 전해진 사회에서 사람마다 은혜를 알고 은혜에 감사하며 부모가 자애롭고 자식이 효도함이 본래 사회의 정상상태인 것이다. 낮아져 육친이 화목하지 않을 때에야 비로소 효도와 자비의 중요성을 강조하게 되며 효도와 자애(慈愛)의 모범을 표방(標榜)하여 따라 배우게 한다.

대**도**가 널리 전해진 사회에서 사람마다 양심적으로 나라와 인민을 위해 봉사하기에 충성 여부에 대한 문제가 존재하지 않는다. 나라가 혼란할 때에야 충신과 어진 재상을 표방(標榜)하여 따라 배우도록 할 필요가 있는 것이다.

도덕경

심령으로 읽다

제19장

도에 회귀하면 사회는 안정하다

성스러움을 끊고 지혜로움을 버리면 백성들은 백배의 이익을 얻게 되고 인(仁)을 끊고 의(義)를 버리면 백성들은 효도와 자애를 회복하게 되며 기교(巧)를 끊고 이익을 버리면 도적이 없어진다. 이 세 가지는 문자로 그 깊은 뜻을 표달하기 부족하다. 그러므로 하나의 중점에 귀결시킨다면 그것은 인간 본성의 순수함을 나타내고 소박함을 지키며 사심을 감소하고 욕망을 줄이는 것이다.

※ 묘한 풀이

성스러움, 평범함, 지혜와 어리석음을 강조하지 않고 매 하나의 생명이 모두 평등한 존중을 받으면 민풍이 순박해지고 사회가 상서롭고 안정하며 천하 백성들이 모두 이익을 얻게 된다.

인(仁)과 의(義)를 말하면 "불인, 불의"가 표방(標榜)되어 나와 이원대립을 형성한다. 인의(仁義)를 말할 필요가 없이 우리의 **도**의 마음을 회복하기만 하면 사람마다 양심, 감사의 마음으로부터 출발하게 되므로 자연히 윗사람이 자애롭고 아랫사람이 효도한다.

지혜와 기교(智巧), 공적과 이익(功利)을 강조하면 도둑질하려는 마음을 쉽게 일으킨다. 지혜와 기교, 공적과 이익을 강조하지 않으면 민풍은 순박해지고 도둑이 사라진다.

이상 세 가지 이념(理念)을 만약 문자로 서술하고 형용하여도 그 속의 깊은 뜻을 분명히 설명할 방법이 없고 실천하기도 쉽지 않다.

그러므로 하나의 중점 핵심을 지적하여 세상 사람들로 하여금 비교적 쉽게 실천 속에 깊이 파고 들어가게끔 한다. 즉 정치를 함에 있어서 백성들을 인도하여 애초의 순수함과 순박함 그리고 단순함에로 돌아가게 하고 사심을 강화하는 것을 피하고 각종 욕망과 욕심(欲貪)을 키우는 것을 피해야 한다.

(정치를 함에 있어서 만약 백성들의 사리사욕을 키우고 각종 욕망, 욕심을 자라게 한다면 세상의 기풍이 날로 나빠지고 사회는 혼란해진다.)

제20장

다른 사람들은 모두 깨어있고
나만 홀로 취해있다

학문을 끊으면 근심이 사라진다. 듣기 좋은 말과 귀에 거슬리는 말은 차이가 얼마인가? 선과 악의 차이는 어느 정도인가? 사람들이 두려워하는 바를 두려워하지 않을 수 없다.
도는 넓고 무한하여(荒) 끝이 없구나!
모든 사람이 화목하고 즐거워하는 모습이 마치 풍성한 잔치에 참석하는 듯하고 봄날에, 누각에 올라 바라보는 듯하다.
나 혼자 명예와 이익을 추구하지 않는 모습이 마치 순진한 갓난애 같고 지쳐서 초라한 모양이 마치 돌아갈 곳이 없는 것 같다.
많은 사람들은 다 여유가 있는데 나 혼자만이 부족한 듯하다. 나는 사람들이 보기에 어리석은 마음을 가지고 도와 합일한 생활을 한다.
보통 사람들은 똑똑한데 나만 홀로 멍청한 것 같고 보통 사람들은 총명한데 나만 홀로 우둔한 듯하다.
고요한 것이 바다같고 바람에 흩날림이 어디에도 매임이 없는 것 같다.
많은 사람들은 모두 성과가 있지만 나만 홀로 어리석고 아무런 성과가 없는 것 같다.
나만 홀로 사람들과 달리 식모(食母, 만물을 낳고 키워주는 도)를 귀중하게 여긴다.

※ **묘한 풀이**

　세속의 그런 소총명을 배우지 말고 단순히 하늘의 **도**에 따르는 생활을 하기만 하면 사람은 매우 행복하고 아주 즐거운 생활을 누릴 수 있다.

　한마디 비위를 맞추는 말과 한마디 귀에 거슬리는 말은 사실상 얼마 차이가 없지만 세상 사람들은 오히려 아주 신경을 쓰므로 그것에 놀림을 당해 쩔쩔맨다.

　'선'과 '악'을 절대적으로 구분할 수 있는가? 입장이 다르고 각도가 다를 때 같은 일에 대해 선인지, 악인지에 대한 판단은 크게 다를 수 있다.

　세상 사람들에 의해 형성된 옳음, 그름, 좋음, 나쁨, 선, 악의 도덕관이 꼭 정확하다고 할 수 없지만 존중하지 않을 수 없다.

　"우주 대**도**"는 대단히 넓고 심오하여 깨달을 수 있는 사람이 아주 적다.

　세상 사람들은 각종 명예 이익과 권세에 빌붙어 이익을 취하고 부귀영화로운 생활을 추구하는데 바삐 보내며 모두 아주 즐거운 것 같다. 하지만 나(노자)는 그런 명예와 이익에 담박하고 권세에 빌붙어 이익을 취하지 않으며 다만 갓난아기처럼 세상과 다투지 않고 순박하고 즐거운 생활을 보낸다.

　명예와 이익 권세에 속박되지 않고 도처로 떠돌아다니는 것이 마치 돌아갈 집이 없는 유랑자 같다.

　세속의 시선으로 보면 모두들 다 아주 부유한 것 같고 나는 가난한

집사람같이 아무것도 없어 보인다. 나 노자는 이 세계에서 다른 종류의 사람이며 보통 사람들의 시선으로 보면 어리석은 사람이다. 명예 이익 권세를 경영하지 않고 천지와 합일하는 생활만 한다.

세속 사람들은 보기에는 재능이 넘쳐나고 나 혼자만이 보기에는 우매하고 어리석다.
세속 사람들은 보기에는 영리하고 능력이 있지만 나 혼자만이 보기에는 무던하고 미련하다.
명예와 이익에 담박하고 마음은 바다와 같다. (바다는 모든 강물을 받아들인다.)
신선한 바람 같이 자유로워서 우주를 무대로 한다.
세상 사람들은 모두 아주 대단하고 매우 큰 성과가 있는 사람이 되는 것을 추구한다.
나 노자 혼자만이 보기에는 늙은 장난꾸러기 같아 아무런 성과도 없다.
세상 사람들은 공적 명예 이익과 관록을 추구하는데 열중하지만, 나는 세상 사람들과 달리 **도**에 회귀하고 천지 부모와 합일하는 것만 중시한다.

제21장

'공, 무'의 오묘함을 묘사하다

큰 덕행이 있는 사람은 오로지 도만을 따른다.

도라는 것은 황(恍)하고 홀(惚)하다. 홀하고 황한데 그 안에 형상이 있고 황하고 홀한데 그 안에 물질이 있다. 심오하고 어두운데(窈兮冥兮) 그 안에 정화(精)가 있다. 그 정화는 아주 진실하고 확신적이다. 옛날부터 지금까지 도의 이름은 사라진 적이 없으며 이로써 만물의 시작을 살펴본다. 내가 어찌하여 만물이 시작되는 상황을 알겠는가? 이것에 의해서이다.

※ 묘한 풀이

진정으로 대각을 이룬(大徹大悟)대 지혜자는 다만 **도**와 합일하며 하늘의 **도**에 따라 행할 뿐이다.

도(우주 본체-공, 무)는 도대체 어떤 모양일까? **도**(상(相)을 나타내지 않은 본체) 공, 무는 무형, 무상, 무색이고 황홀하다(恍恍惚惚). 비록 무형(無形), 무색이고 물질이 없지만 절멸(斷滅)의 공, 무가 아니고 절대적인 무가 아니며 안에서 또 형적을 관찰할 수 있다.

비록 황홀하고 갈피를 잡을 수 없지만 그 안에 확실히 실체가 존재한다. 공, 무는 비할 바 없이 오묘하고 심원(深远)하며 그 안에 만물을 생성하고 발육시킬 수 있는 정수(精髓), 제호(醍醐)가 있다. (과학계에서 부르는 암물질, 암에너지)

공, 무안의 정수(精髓), 제호(醍醐)(암에너지, 진기眞炁)는 진실한 존재인데 이 점은 확신할 수 있다.

도—우주 본체는 끝없이 넓고 시작도 없고 끝도 없으며 예로부터 지금까지 영원히 존재할 뿐만 아니라 부단히 만유를 발전 변화하며 만물을 양육하고 있다.

내가 어찌하여 **도**가 일체 만유의 총 근원이고 또 일체 만물을 양육함을 알 수 있겠는가? 그것은 내가 실제로 관찰하고 깨달았기 때문이다. 앞에서 서술한 바와 같이 그것은 모두 진실한 것이다.

제22장

논리를 초월한 고등 지혜

구부리면 완전해지고 억울함을 당하고도 억울하다고 생각하지 않으면 정직함을 드러내며 허심하면 풍부해지고 낡은 것을 부단히 새롭게 바꾸면 신선함을 유지하게 되며 적게 가지고 많이 주면 더 많은 것을 얻게 되고 더 많은 것을 잡으려면 번뇌하게 된다. 그러므로 성인은 도의 특징, 특성을 천하의 본보기로 삼는다. 자신을 ㄴ-타내지 않으므로 밝게 되고 스스로 옳다고 하지 않으므로 뚜렷하게 되며 스스로 자랑하지 않으므로 공이 있게 되고 스스로 뽐내지 않으므로 오래 간다.

오로지 다투지 않으므로 천하에 그와 다툴 자가 없다. 옛사람들이 이르는 "구부리면 완전해진다"는 말이 어찌 빈말이겠는가? 진심으로 위의 것을 실행하면 모두 자신에게로 되돌아온다.

※ 묘한 풀이

억울함(委屈)을 받아들일 수 있고 또 유연하게 대한다면 큰일을 성사할 수 있다.

억울함(冤枉)을 당하고도 세상과 다투지 않고 우회하여 가면 마음의 정직함을 더욱 잘 드러낼 수 있다.

아래에 처하고 매우 겸허한 마음으로 배울 수 있으면 자연히 수양이 있고 심령이 부유하다.

여실히 자신을 직면하고 용감히 검토하며 개진할 수 있다면 생명은 영원히 신선함을 보존하고 풍부한 창조력을 함유한다.

기꺼이 사심없이 헌신하고 선행을 베풀면 언젠가는 "내가 모든 사람을 위하고 모든 사람이 나를 위한다"는 것을 체험하여 터득하게 되고… 더욱 많고 많은 것을 얻게 된다.

만약 더 많은 명예와 이익을 걷어쥐려 하고 더 많은 금은보화를 잡으려 한다면 그에 따르는 번뇌, 고통, 곤혹도 더 많다.

그러므로 득**도**한 성인은 언제나 **도**의 특징, 특성을 장악하고 이것으로 사람과 관계를 맺고 일을 처리를 한다.

재능이 있고 지혜가 있지만 자신을 드러내기 좋아하지 않으면 이는 진리, 실상에 명백한 사람임을 표시한다.

잘난 체하지 않고 오만한 마음이 없는 사람은 그 생명이 도리어 세상에 현저히 드러난다.

현저한 공적이 있지만 자신을 표방(標榜)하지 않고 뽐내지 않으며 스스로 공로가 있다고 자처하지 않는 사람이야말로 진정한 공로와 음덕이 있다.

스스로 자랑하지 않고 스스로 허풍을 떨지도 않고 부풀어 오르지도 않는 착실한 사람은 그 음덕이 오래도록 끊임없이 이어진다.

진정으로 다른 사람과 다투지 않을 수 있는 사람은 천하에 그와 다툴 자가 없다. (마음속에 적이 없으면 그 천하에 적이 없다.)

옛사람이 이르는 "구부리면 완전해진다"는 도리가 어찌 허황한 빈

말이겠는가?

　이상의 인생의 묘한 철학은 당신이 진정으로 하기만 하면 상상도 할 수 없는 많은 수확(收穫)이 당신의 세계로 흘러들 것이다.

구부리면 완전해지고 억울함을 당하고도 억울하다고
생각하지 않으면 정직함을 드러낸다.

움푹한 곳은 차오른다(허심하면 풍부해진다).

제23장

만물은 시시각각 유동하고 생멸 변화한다

말없이 만물을 유익하게 하는 것이 자연이다.
그러므로 갑작스럽게 부는 바람은 아침나절을 넘기지 못하고 소나기는 하루 종일 내리지 못한다. 누가 이렇게 하는 것인가? 천지다. 천지가 하는 일도 오래 가지 못하거늘 하물며 사람이 하는 일이겠는가? 그러므로 도에 몸을 담는 자는 도의 특징, 특성을 나타내고 덕에 몸을 담는 자는 덕의 특징, 특성을 나타내며 개인의 득실을 중시하는 자는 얻음과 잃음의 세계에 빠져들어 간다. 도와 같이 하는 자는 도 역시 즐겁게 그와 같이하고 덕과 같이하는 자는 덕 역시 즐겁게 그와 같이하며 개인의 득실을 중시하는 자는 잃음과 얻음 역시 즐겁게 그와 같이한다.
믿음이 부족하면 믿지 않음이 뒤따른다.

※ 묘한 풀이

말을 적게 하고 만물에게 이익을 주지만, 다투지 않는 것이 대자연의 도리다.
말을 적게 하고 많이 관찰하면 천지의 대도리를 깨달을 수 있다. 강한 바람이 불고 폭우가 내리는 것도 다 너무 오래 유지하지 못한다.

누가 강한 바람이 불게 하고 폭우가 내리게 하는가? 바로 천지이고 대자연의 현상이다.

천지, 대자연의 현상(강한 바람이 불고 폭우가 내림)도 오랫동안 유지 못 하는데, 하물며 인위적인 현상이 오래 버틸 수 있겠는가? 현상계의 일체 모두가 유동하고 생멸 변화하고 있으며 시시각각 변하고 있음을 깨달아야 한다.

그러므로 당신이 **도**에 순종하고 **도**에 잠겨 있을 때 자연스럽게 **도**의 특징, 특성을 나타낸다. 만약 당신이 덕에 순종하고 덕에 잠겨 있으면 당신은 덕의 특징, 특성을 나타낸다. 만약 당신이 개인의 명리득실에 신경을 쓰면 늘 얻기 전에는 얻으려고 노심초사하고 얻은 뒤에는 잃을까 봐 걱정하는 상태에 처하게 된다.

당신이 늘 **도**의 세계에 잠겨 있을 때 **도**를 얻은 사람은 자연히 당신과 즐겁게 공명(共鳴)을 일으킨다. 만약 늘 덕의 세계에 잠겨 있으면 덕이 있는 사람이나 사물은 자연히 당신과 즐겁게 공명을 일으킨다.

당신이 개인의 명리득실에 신경을 쓸 때 자연히 명리득실을 추구하기 좋아하는 그런 사람이나 사물을 영향을 주어 불러온다.

한 사람이 만약 신용을 지키지 않으면 자연히 신용을 지키지 않는 그런 사람을 영향을 주어 불러오며 다른 사람도 그에 대해 신임하지 않는다.

(무엇을 "만물은 종류끼리 모인다"고 하는가를 심입하여 잘 깨달으라. 운명이 자기 손에 장악되어 있지 숙명론(宿命論)이 아니다.)

제24장

자아로 꿈을 쌓으면 수포로 돌아간다

발돋움하여 서는 사람은 오래 서지 못하고 큰 걸음으로 걷는 사람은 오래 걷지 못한다. 자신을 나타내는 사람은 우주의 진리를 알지 못하고 잘난 체하는 사람은 자신의 삶을 충분히 나타내지 못하며 스스로 자랑하는 사람은 공이 없게 되고 스스로 뽐내는 사람은 오래가지 못한다.

이것들은 도를 놓고 말하면 남은 음식이나 쓸데없는 행위이다. 대자연, 만물은 이런 행위가 없기에 덕행이 있는 사람은 이렇게 하지 않는다.

※ 묘한 풀이

발끝으로 서서 다른 사람보다 한층 뛰어남을 나타내기 좋아하는 이런 사람은 오래 서 있을 수 없다.

큰 발걸음으로 앞으로 나아가 다른 사람을 속히 이기려는 사람은 도리어 이루지 못한다.

자신을 표현하기 좋아하는 사람은 진리를 모르고 생명의 실상을 알지 못함을 나타낸다.

스스로 옳다고 여기고 스스로 매우 고명하다고 여기기를 좋아하는 사람은 그 삶이 오히려 충분히 빛나지 못한다.

자기의 공로가 얼마나 크다고 내세우기 좋아하는 사람은 도리어 공로가 없다.

스스로 자랑하고 자신의 능력을 과시하기 좋아하는 사람은 오래 번창(興旺)하지 못한다.

스스로 표현하고 뽐내고 자랑하며 자신을 높여 올리기 좋아하는 이런 심리 상태와 행위는 **도**를 놓고 말하면 모두 쓸데없는 군더더기에 속한다. 대자연, 만물은 이런 심리 상태와 행위가 없다. 마찬가지로 **도**가 있고 **도**를 얻은 사람도 이런 심리 상태와 행위가 없다.

제25장

도는 천지의 어머니이며
도는 대자연을 본받는다

어떤 것이 혼연히(混) 이루어졌고 천지보다 먼저 있었다. 소리도 없고 형태도 없는데 다른 것에 의지하지 않고 존재하며 영원히 변하지 않는다. 끊임없이 순환 운행하여 만물을 변화 발전시키므로 천하만물의 어머니라 할 수 있다. 나는 그 이름을 몰라서 '도'라 부르고 억지로 이름을 붙여 '크다'고 할 뿐이다. 커서 끝없다고 하고 끝없어 멀다고 하며 멀어서 되돌아온다고 한다.

그러므로 도가 크고 하늘이 크며 땅이 크고 사람 또한 크다. 우주에 네 가지 큰 것이 있는데 사람이 그 중의 한 자리를 차지한다.

사람은 땅을 본받고 땅은 하늘을 본받으며 하늘은 도를 본받고 도는 대자연을 본받는다.

※ 묘한 풀이

어떤 하나의 존재가 혼연히 이루어져 있다. 은하계, 태양계, 천지가 나타나기 전에 그것은 이미 존재 하였다.

이 존재는 모양이 없고 형체가 없으며 소리가 없고 볼 수 없으며 만질 수 없을 뿐만 아니라 영원히 존재하고 예로부터 지금까지 없어지지 않았다. 이 존재는 또한 끊임없이 만물을 발전하고 변화하므로 일체 만유의 어머니, 총 근원이라 부를 수 있다. 나(노자)는 정달로 어떻게 그것을 불러야 할지 몰라 겨우 억지로 임시변통하여 **도**라 부르고 또 억지로 '대(大)'라고 부를 수 있을 뿐인데 이것은 정말로 아주 크고 대단히 크다. 그 끝이 보이지 않아 정말로 끝없이 넓다. 끝없이 넓으므로 극히 멀다고 형용할 수 있는데 비록 끝없이 넓지만, 또다시 돌아오지 않는 것도 아니며 종점은 상상외로 또 출발점으로 되돌아온다.

내가 관찰한 **도**는 정말로 극히 크고 대단히 크며 하늘도 극히 크고 땅도 극히 넓으며 사람도 아주 위대하다.

우주 중에 사대(四大)가 있는데 사람도 사대 중의 하나이다. 천지는 **도**가 발전하고 변화한 것이고 사람은 천지에 의하여 생성되고 발육된 것이다. 그러므로 사람은 땅을 본받아야 하고 땅은 하늘을 본받으며 하늘은 **도**를 본받고 하늘의 운행 법칙은 **도**의 운행 법칙(우즈율)을 본받으며 **도**의 운행 법칙(우주율)은 대자연의 법칙에 따른다. (인연이 모이면 생기고 인연이 변하면 변하며 자아의식으로 조종함이 없다.)

(**도**는 일체 만유를 발전하고 변화시킬 수 있으므로 만물의 어머니이고 "조물주"라고 부를 수 있다. 하지만 일반 종교계에서 인식하는 인격화한 신과 다르며 또 과학계에서 인정하는 다만 무기체의 물질과 에너지뿐이 아니다.)

제26장

냉정하고 듬직하여 생명의 주인이 된다

무거운 것은 가벼운 것의 근본이 되고 고요한 것은 조급한 것을 다스린다.
그러므로 성인은 하루종일 듬직함을 벗어나지 않는다. 비록 부귀영화를 누리더라도 초연(超然)하게 대한다. 하지만 많은 군주들이 부귀영화를 위하여 천하를 가볍게 여기는 것을 어찌하겠는가?
경박하면 근본을 잃고 조급하면 군주의 위엄을 잃는다.

※ 묘한 풀이

나무뿌리가 온전하고 무거워야 잎이 바람에 가볍게 흔들릴 수 있다.
냉정하고 듬직해야 초조하고 불안한 현상을 풀 수 있다.
그러므로 **도**를 터득한 성인은 일상생활이나 일을 함에서 모두 아주 듬직하고 경박하지 않는다. 비록 부귀영화를 누리더라도 모두 보통의 마음(平常心)으로 대하지 허영을 좋아하지 않고 남의 장단에 춤을 추지 않는다.
아쉽게도 많은 군왕은 도리어 허영을 좋아하고 아주 경박하게 세간의 명리와 부귀영화를 추구하여 백성들에게 좋지 않은 시범을 보인다.

경박하면 쉽게 들뜨고 뿌리가 없으므로 근원을 잃어버려 쉽게 넘어진다.

조급하면 쉽게 듬직함을 잃고 군주의 위엄(君威)을 잃어 남에게 업신여김을 당한다.

도덕경
심령으로 읽다

제27장

다른 사람과
잘 어울려 사는데(為人處世) 성공하는 비결

진정으로 선을 행하는 행위는 자취를 남기지 않고 진정으로 지혜로운 말에는 흠이 없으며 진정으로 사업하는 사람은 음모와 계책을 쓰지 않고 진정으로 지혜가 있는 사람의 마음은 명예와 이익으로 열수 없으며 진정으로 신용을 지키는 사람은 계약서가 없어도 신용을 지킨다.

성인은 항상 사람을 잘 구하므로 버리는 사람이 없고 항상 물건의 용도를 충분히 발휘시키므로 버리는 물건이 없다. 이를 일러 밝은 지혜를 계승한다고(襲明) 한다.

그러므로 선한 사람은 선하지 않은 사람의 선생이 될 수 있고 선하지 않은 사람은 선한 사람의 거울이 될 수 있다. 그 선생을 귀하게 여기지 않고 그 거울을 소중히 여기지 않는다면 비록 총명하다 하지만 크게 미혹된 것이다. 이를 일러 관건적인 오묘함이라 한다.

※ 묘한 풀이

진정으로 선행을 하고 덕을 쌓고 있는 사람은 남모르게 선을 행한다.

진정으로 지혜가 있는 사람은 말을 할 때 앞뒤가 모순되지 않고 흠이 없다. 양심적으로 계획하며 운영하고 있는 사람은 각종 음모와 책략으로 다른 사람을 속이지 않는다.

진정으로 진리 실상을 깨닫고 지혜가 있는 사람은 그 마음이 어떤 명예나 이익에도 부식되지 않고 부귀영화와 권세에 흔들리지 않는다.
진정으로 신용을 지키는 사람은 그에게 각종 계약이나 조항의 구속을 줄 필요없이 자연히 약속을 소중히 여기고 신용을 지킨다.
그러므로 **도**를 터득한 성인은 항상 사람을 잘 구하며 마음속에 천하의 창생을 품고 누구도 버리지 않는다. 또 항상 복을 아끼고 물건을 사랑하며 사치하고 낭비하지 않으므로 버리는 물건이 없다. 이것은 천지의 **도**에는 버리는 사람이 없고 버리는 물건이 없음을 체득하였기 때문이다. (대자연의 순환에는 폐기물이 없다.)

그러므로 "선한 사람"은 선하지 않은 사람의 스승이 될 수 있고 "선하지 않은 사람"의 결말은 우리가 거울로 삼을 수 있으며 모두가 잘못을 줄이도록 도와줄 수 있다.
만약 좋은 스승과 유익한 친구로 될 수 있는 선한 사람을 소중히 여길 줄 모르고 만약 선하지 않은 사람의 결말을 거울로 삼고 경계할 줄 모른다면 비록 총명하다고 하지만 사실상에는 매우 멍청한 것이다. 이것은 사람과 관계를 맺고 일을 처리하는 데 성공과 실패의 관건이다.

제28장

실상을 깨달아
애초의 순수함과 순박함으로 돌아간다

강함을 알고 부드러움을 지키면 천하의 시내물이 된다. 천하의 시냇물이 되면 변하지 않는 덕(常德)을 떠나지 않아 갓난애의 상태로 되돌아간다.
백(白)을 알고 흑(黑)을 지키면 천하의 본보기가 된다. 천하의 본보기가 되면 변하지 않는 덕에 어긋나지 않아 무극(無極)으로 되돌아간다.
영광을 알고 욕됨을 지키면 천하의 골짜기가 된다. 천하의 골짜기가 되면 변하지 않는 덕행이 충족하게 되어 다듬지 않은 통나무의 상태로 되돌아간다.
통나무를 다듬면 기물이 되는데 성인은 이를 활용하여 나라의 기둥으로 만든다. 그러므로 큰 제작자는 통나무를 가르지 않는다.

※ 묘한 풀이

본래 강하고 기세로 남을 누를 수 있음을 과시할 수 있지만 도리어 겸손과 부드러움을 굳게 지켜 남을 해치지 않고 다투지 않아 마치 깨끗한 시냇물과 같다. 깨끗한 시냇물처럼 세상 사람들에게 이익을 줄 수 있는 사람은 그 덕행이 **도**의 덕과 일치하고 그 마음은 갓난아이처럼 순수하다.

본래 예리함과 재주(鋒芒)를 드러낼 수 있지만 도리어 빛을 감추고 세속에 섞이며 뽐내지 않고 세상과 다투지 않는 이런 사람은 천하의 본보기가 될 수 있다.

이런 세상과 다투지 않고 천하의 본보기로 될 수 있는 사람은 그 덕행이 **도**의 덕과 차이가 없을 뿐만 아니라 자연히 **도**와 합일한다.

본래 부귀영화를 누릴 수 있지만 도리어 평범하고 오해를 받으며 모욕당하는 것을 달갑게 여기는 이런 사람은 천하의 산골짜기 같다. 매우 겸허하고 천하의 산골짜기 같은 사람은 자연히 충분한 덕행을 드러낸다. 이런 사람은 자연히 애초의 순수함과 순박함을 나타낸다.

겉보기에는 평범하고 아주 소박한 이런 사람이 만약 중시를 받아 그 재능을 잘 발휘할 수 있다면 반드시 나라의 기둥으로 될 것이다.

덕행이 있는 현군은 아주 소박한 이런 사람을 중용하여 나라의 기둥으로 되게 한다. 만약 정말로 나라를 위해 재능이 있는 사람을 추천한다면 아첨하지 못하는 소박한 사람을 버리지 않을 것이다.

제29장

천하는 모든 사람들 것이다

천하를 억지로 차지하려고 하지만 내가 보기에는 그것을 얻을 수 없다. 천하는 신묘한 기물이여서 억지로 하여서는 안 되고 틀어쥐어서도 안 된다. 억지로 하는 자는 실패하고 틀어쥐는 자는 잃는다. 그러므로 세상 사물은 앞서가는 것이 있는가 하면 뒤따르는 것이 있고, 코로 숨을 내쉬는 것이 있는가 하면 입으로 숨을 내쉬는 것도 있고 강하게 하는 것이 있는가 하면 약하게 하는 것도 있고 안정하게 하는 것이 있는가 하면 위험하게 하는 것도 있다. 그러므로 성인은 지나치게 하거나 사치를 즐기거나 극단적으로 하는 것을 버린다.

※ 묘한 풀이

야심만만한 사람은 온 세상을 자기 것으로 만들려고 시도한다. 이런 몹시 방자하고 오만한 자는 천하를 얻지 못한다. (설령 표면상에서 얻었다 하여도 아주 빨리 잃어버린다.)

'세계'는 비할 바 없이 오묘하고 신기한 기물로서 인류는 그에 대해 억지로 그와 어긋나는 행위를 해서는 안 되고 집착스럽게 걷어쥐고 자기 것으로 만들려고 해서도 안 된다.

'세계'에 대해 억지로 그와 어긋나는 행위를 하는 사람은 결국에는 반드시 실패한다.

'세계'를 집착스럽게 걷어쥐고 자기 것으로 만들려고 하는 사람은 최후에 필연코 모든 것을 잃게 되고 한 줌의 흙도 얻지 못한다.

이 삼라만상(森羅萬象, 세상만물과 현상이 모두 전시되어 나타난 모양)의 세계는 창조가 있음을 나타내거니와 인연의 따름도 있음을 나타내며 순방향으로 성취하게 하기도 하고 역방향으로 파손하게 하기도 하며 정방향으로 강대하고 성장하게 하기도 하고 반대 방향으로 감소하고 쇠약해지게 하기도 하며 혹은 당신에게 순조로운 환경을 주어 지지하게 하기도 하고 혹은 당신에게 역경을 주어 검증하고 단련하게 하기도 한다…. (**도**는 자연히 동적인 균형을 유지한다.)

그러므로 **도**를 터득한 성인은 극단으로 나가지 않고 사치와 낭비를 하지 않으며 편견에 빠지지 않고 강한 기세로 장악하여 통제하려 하지 않는다.

도에 밝은 사람은 자연히 아무런 집착도 없는 중용(中庸)의 길을 걷는다.

제30장

'전쟁'은 뒷탈(後患)이 끝없다

도로 나라를 다스리는 자는 무력으로 천하를 강점하지 않는다. 무력을 쓰면 쉽게 보복을 당하기 때문이다. 군사가 머물렀던 곳에는 가시덤불이 자라고 큰 전쟁이 있고 난 뒤에는 반드시 흉년이 든다.

덕행이 있는 자는 목적을 달성할 뿐 감히 억지로 취하지 않는다. 목적을 달성한 후 허세를 부리지 않고 목적을 달성한 후 자랑하지 않으며 목적을 달성한 후 교만하지 않고 목적 달성도 어쩔 수 없이 한 것이며 목적을 달성한 후 위세를 부리지 않는다.

사물은 과도하게 강하면 쇠약해지기 마련인데 강대해지기만 하려는 것은 도를 어기는 것이다. 도를 어기면 아주 빨리 끝이 난다.

※ 묘한 풀이

덕행이 있는 영명한 군주는 강대한 병력, 무력에 의거하여 천하를 빼앗지 않는다. 무력을 사용하면 아주 빨리 순환 보복을 당하기 때문이다.

군대가 주둔했던 곳 혹은 전쟁이 있었던 곳은 백성들이 도망가고 비옥한 밭이 버려져 경작하는 사람이 없으며 마을은 담벼락이 허물

어지고 가시덤불이 무성하다.

  큰 전쟁이 있은 후에는 반드시 흉년이 든다. 그것은 사상자가 막심하고 시체가 썩어서 악취를 풍기므로 역병이 일어나고 흉년(饑荒)이 들기 쉬우며 자연재해와 사람으로 인한 재앙도 잇따라 발생하기 때문이다.

  전쟁을 일으키지 않고 평화 공존할 수 있는 이것이 상책이며 전쟁을 좋아해서 과도하게 무력을 남용하여 전쟁을 일으켜서는 안 된다.
  평화 공존하고 다 같이 번영하는 훌륭한 효과를 달성할 수 있으면 좋다. 천하를 독차지하려고 생각하며 오만하고 스스로 칭찬하며 자랑해서는 안 되고 권세를 믿고 약한 자를 업신여겨서도 안 된다.

  우주의 법칙은 "사물은 과도하게 강하면 쇠약해지기 마련이고 사물의 발전이 극에 달하면 반드시 반전한다"는 것이다. 탐욕스러운 야심가의 모든 행위는 천지의 **도**에 어긋나는 것이다.
  하늘의 **도**를 거슬러가는 사람은 필연코 매우 빨리 실패하고 무너진다.
  (고금중에 무력을 남용하여 함부로 전쟁을 일으키기 좋아하는 그런 사람은 모두 아주 빨리 멸망한다.)

제31장

전쟁에 의해 살해된 사람은 모두 우리의 혈육이다

무릇 강대한 병력과 예리한 무기는 상서롭지 못한 기물이기 때문에 사람들은 모두 그것을 싫어한다. 그러므로 덕행이 있는 사람은 사용하지 않는다.

군자는 평소에는 왼쪽을 귀하게 여기고 무력을 사용할 때에는 오른쪽을 귀하게 여긴다. 군사(兵)는 상서롭지 못한 기물이지 군자가 쓸 것이 아니다. 마지못해 그것을 사용할 때에는 욕심 없이 적당하게 하는 것을 제일로 삼는다. 승리하여도 찬미하지 말아야 하는데 찬미하는 자는 살인을 좋아하는 자다. 무릇 살인을 좋아하는 자는 천하를 얻을 수 없다.

길사(吉事)에는 왼쪽을 높이고 흉사(凶事)에는 오른쪽을 높인다. 묘략을 짜는 장수는 왼쪽에 있고 무력을 쓰는 장수는 오른쪽에 있는데 이것은 무력을 쓰는 것을 장례(喪禮)로 여기고 처리한 것이다. 전쟁에서 많은 사람이 죽었으므로 슬픈 마음으로 제사를 지내고 승리를 거두었다고 해도 장례(喪禮)로 처리하여야 한다.

※ 묘한 풀이

강대한 병력과 정밀한 첨단무기, 이런 것들은 전 인류를 놓그 말하면 상서롭지 못한 기물이고 좋은 현상이 아니다. 대자연과 백성들은 모두 전쟁을 싫어하므로 덕행이 있는 국왕은 무력으로써 분쟁을 해결하지 않는다.

덕행이 있는 군자는 안정된 생활을 할때 왼쪽을 귀하게 여기고 군사를 지휘할 때 오른쪽을 귀하게 여긴다.

강력한 군대(重兵), 정밀한 무기는 상서롭지 못한 부류에 속하므로 (큰 재난, 큰 괴멸을 일으키기 쉽다.) 덕행이 있는 현명한 군주가 세상을 다스리는 보배가 아니다. 만약 어쩔 수 없이 군대와 무기를 사용하여야 한다면 그저 적당히만 하면 좋은 것이다.

승리를 거두어도 공적과 덕행을 찬양하지 말아야 한다. 만약 승리를 거두었다고 크게 찬미하고 공적과 덕행을 찬양한다면 그것은 살인하기 좋아하는 폭군임을 표시한다. 살인을 좋아하는 폭군은 세계를 통치할 수 없고 천하를 얻을 수 없다. (겨우 얻어도 아주 빨리 뒤집힌다.)

좋은 일에는 왼쪽을 상위로 하고 나쁜 일에는 오른쪽을 상위로 한다. 전략 전술을 세울 수 있는 모사(謀士)가 왼쪽에 있고 (전략 전술을 알맞게 세울 수 있으면 싸우지 않고서도 이길 수 있다.) 군대를 이끌고 싸울 장수는 오른쪽에 있는데 이것은 싸우고 군대를 부리는 것을 장례처럼 여기고 처리하기 때문이다.

전쟁은 많은 사람을 죽게 하므로 살해된 그 사람들을 직면할 때 슬픈 마음으로 추모해야 한다. 승리를 거두어도 장례를 치르는 마음으로 전쟁에 의해 죽은 모든 사람들을 추모해야 한다.

제32장

하늘의 도에 따르면 비바람이 순조롭다

도는 항상 이름이 없고 소박하다. 비록 작아보이지만 천하에 아무도 다스릴 수 없다. 통치자가 만약 이 도를 지킬 수 있다면 만물이 자연히 제자리로 돌아갈 것이다.
하늘과 땅이 서로 어우러져 감로수를 내리고 사람들이 기원하지 않아도 자연히 만물을 골고루 적신다.
묵묵히 분투하면 점차 이름이 있게 되고 이름이 있게 되면 적당한 정도에서 멈출 줄 알아야 하며 멈출 줄 알아야 위태롭지 않을 수 있다.
도가 천하에 존재하는 것은 마치 골짜기의 물과 강, 바다의 물이 낮은 곳에 모이고 만물에 이익을 주는 것과 같다.

※ 묘한 풀이

도는 일체 만유를 발전하고 변화시키지만 공로가 있다고 자처하지 않고 명예를 다투지 않으므로 보잘것없는 사람처럼 아주 소박하며 또 하인 같기도 하다. 비록 이름없고 보잘것없는 사람 같지만 천하에 누구도 **도**를 이겨 신하로 부릴 수 없다.

나라의 상층 지도자가 만약 **도**의 특징, 특성을 지킬 뿐만 아니라 몸소 모범을 보여 **도**를 행할 수 있다면 백성들이 따라서 본받고 세상의 기풍은 날로 개선되며 탈선한 사회는 자연히 점차 질서를 회복한다. 세상 기풍이 상서롭고 화목하며 만물이 존중과 애호를 받으면 자연히 자동적으로 각자가 제자리로 돌아간다.

그러므로 천지가 서로 어울리고 비바람이 순조로우며 적당한 시기에 자연히 감로수를 널리 내려주고 만물에게 영양을 공급해준다. 세상의 사람들이 명령할 필요가 없고 특별히 기원할 필요도 없이 민심이 상서롭고 화목하기만 하면 천지는 자연히 비바람이 순조롭게 나타낸다. (바람과 비가 알맞으면 자연히 오곡이 풍년을 들고 나라가 태평하며 백성들의 생활이 안정된다.)

착실하게 묵묵히 일하고 분투하다 보면 언젠가는 공을 세우고 이름을 날리게 된다. 명성이 점점 커질 때 멈출 줄 알고 안으로 거두어 드릴 줄 알며 빛을 감추고 세속에 섞일 줄 알아야 하며 **도**의 이름이 없고 소박한 덕행을 따라 배워야 한다. 만약 멈출 줄 알고 안으로 거두어드릴 수 있다면 재앙을 초래하는 것을 피할 수 있다.

우리는 **도**의 아래와 같은 특징·특성을 따라 배워야 한다. 만물을 이롭게 할 뿐만 아니라 만물과 다투지 않고 골짜기나 강과 바다처럼 허심하고 낮은 위치에 처하면 온갖 하천이 자연히 모여들고 또 모여든 자원을 온 천하에 널리 베풀어 소리 없이 만물을 적신다.

제33장

진정한 부유함과 오래 가는 것

남을 아는 사람은 지혜롭고 자신을 아는 사람은 밝다.
남을 이기는 사람은 힘이 있고 자신을 이기는 사람은 강하다.
만족할 줄 아는 사람은 부유하고 꾸준히 행하는 사람은 의지가 굳세다.
근본을 잃지 않는 사람은 오래 가고 죽어도 덕행이 사라지지 않는 사람은 영원하다.

※ 묘한 풀이

남을 알 수 있는 사람을 지혜로운 사람이라 하고 자신을 알 수 있는 사람을 눈 밝은 사람이라 한다.

남을 이길 수 있는 사람은 힘이 있는 사람이고 자아를 이길 수 있는 사람이야말로 진정한 강자라고 할 수 있다.

진정으로 만족할 줄 알 수 있는 사람이야말로 세상에서 진정으로 부유한 사람이다. (진정한 부유함은 매우 많은 것을 소유하기 때문이 아니라 수요하는 것이 아주 적기 때문이다.)

부지런히 행하고 꾸준히 견지할 수 있는 사람은 의지가 굳센 사람이다.

사람을 대하고 일을 처리함에 있어 **도**를 떠나지 않고 양심에 따라 부지런히 **도**를 행하면 자연히 **도**와 오랫동안 함께 존재한다.

도를 행하고 선행을 하며 널리 음덕을 쌓은 사람은 육체가 죽은 후 그 음덕과 지혜가 영원히 존재하므로 그의 생명은 사라지지 않고 천지와 함께 존재한다.

도덕경

심령으로 읽다

제34장

도는 만물을 키우지만
장악하여 통제하지 않는다

대도는 끝없이 넓지만, 또 우리 좌우에 있다. 만물은 도에 의지하여 생존하지만, 도는 고생을 마다하지 않고 공을 이루어도 소유하지 않으며 만물을 키우지만 장악하여 통제하지 않는다. 항상 욕심이 없으므로 보잘것없다고 말할 수 있다. 만물이 되돌아와 도에 모이지만 장악하여 통제하지 않으므로 위대하다고 말할 수 있다. 도는 언제나 스스로 위대하다고 여기지 않으므로 그 위대함을 이룰 수 있다.

※ 묘한 풀이

도는 정말로 넓고도 넓으며 끝이 없다. **도**는 비록 극히 넓지만, 또 있지 않는 곳이 없으며 바로 우리의 좌우에 있다. (우리가 모두 **도**에 잠겨 있는 것이 마치 물고기가 바닷속에 잠겨 있는 것과 같다.)

모든 만물은 모두 **도**에 의지해야만 생존하고 생장할 수 있다. **도**는 만물을 양육하지만, 종래로 고생을 마다하지 않고 공을 이루고도 공로가 있다고 자처하지 않으며 자기 것이라고 차지하지 않는다. **도**는 만물을 키우지만, 만물을 장악하고 통제하지 않으며 지배하지 않는다.

도는 욕심이 없고 명예와 이익을 다투지 않음을 나타내며 다만 묵묵히 만물을 생성하고 발육시키는 것이 마치 보잘것없는 존재 같다. 그러나 만물은 모두 **도**에 의해 생성되고 발육되며 또 **도**에 되돌아오지만 **도**는 도리어 오만한 마음이 없고 지배하려는 욕망이 없다. 이런 덕행은 정말로 대단히 위대하다.

도는 실제로 위대한 덕행을 드러내지만 스스로 위대하다고 여기지 않으며 추호의 오만한 마음도 없다. 그러므로 **도**가 얼마나 드넓고 위대한가를 더욱 잘 나타낸다.

제35장

담담함에서 진정한 도를 깨닫고
평범한 모습 속에서 진인(真人)을 알아본다

    대상(大象, 도)을 지키면 온 천하를 거침없이 돌아다닌다. 돌아다녀도 다른 사람을 해치지 않으므로 마음은 안락하고 평화로우며 태평하다.
    듣기 좋은 음악이나 맛있는 음식은 지나가는 손님에 불과하다. 도는 언어로 표달한다면 평범하여 맛이 없으며 보아도 보이지 않고 들어도 들리지 않지만 아무리 써도 다 쓰지 못한다.

※ 묘한 풀이

    대**도**를 지키고 하늘의 **도**에 따라 행할 수 있는 사람은 온 천하를 장애가 없이 돌아다닐 수 있다. 그것은 **도**를 깨닫고 **도**를 행하는 사람의 마음은 모든 이원대립을 초월하고 자비대애(慈悲大愛)의 마음으로 일체중생을 선하게 대하며 어떤 사람도 해치지 않으므로 어디를 가든지 모두 안심하고 자유로우며 평안하고 상서롭다.
    도를 터득한 사람의 내심의 편안함, 자유로움과 희열은 세상의 부귀영화와 권세로서 바꿀 수 있는 것이 아니다. 그러므로 세상의 명예 이익과 부귀영화는 **도**를 터득한 사람으로 놓고 말하면 뜬구름과 같다.

도는 더없이 심오하고 또 너무 간단하여 이해하기 쉽기 때문에 세속 사람들에게 **도**가 무엇인가를 소개하려 하면 보통 사람들은 모두 "이것은 너무 평범하고 담백하여 신기한 것도 없고 깊이 연구할 가치도 없다"고 여긴다.

그러나 **도** 형상으로 나타나지 않은 공, 무(우주 본체)는 아주 현묘하여 육안으로 볼 수 없고 귀로 들을 수 없다. 비록 볼 수도 들을 수도, 잡을 수도 없지만 공, 무속의 거대한 에너지는 우리가 영원히 써도 다 쓰지 못한다. 정말 신묘한 작용이 무궁하다.

제36장

앞서 적당한 시기를 선명히 통찰하고 지극히 미세한 것까지 분명히 살핀다

수축시키려면 반드시 먼저 확장시켜야 하고 약화시키려면 반드시 먼저 강하다고 느끼게 해야 하며 폐기시키려면 반드시 먼저 추어올려야 하고 빼앗으려면 반드시 먼저 단맛을 보여주어야 한다. 이것을 미세한 것에 밝다고 한다.

부드럽고 약한 것이 굳세고 강한 것을 이긴다. 물고기는 깊은 못을 떠날 수 없고 나라의 예리한 무기(器)는 사람들에게 보여 주어서는 안 된다.

※ 묘한 풀이

세속 사람들은 대부분 강렬한 탐욕이 있다. 사회의 각종 사기 사건은 모두 인간 본성의 탐욕을 이용하여 목적을 달성한다.

예를 들면 한 사람의 권력과 세력을 수축시키려면 겉으로 더욱 많은 명예와 이익을 주어 유혹한다.

당신의 실력을 약화시키려면 당신에게 많은 이익과 유혹을 주어 당신으로 하여금 점점 강대해지는 것처럼 느끼게 한다.

당신을 쇠퇴시켜 쓸모없게 만들려면 부단히 당신을 칭찬하그 끊임없이 흥분제, 마취제를 부어 넣어 당신으로 하여금 자신을 잃고 우쭐거리게 한다.

당신의 돈과 값진 물건을 빼앗아 가려면 대책을 취하여 당신에게 단맛을 주고 유혹하여 올가미에 걸려들게 한다.

당신은 세속 사람들이 어떻게 아귀다툼하고 흉계를 꾸미며 모해하고 명예와 이익을 다투기 위하여 수단을 가리지 않는 것을 꿰뚫어 보아야 한다. 이러하여야만 눈이 밝은 사람이라 부를 수 있고 남을 해치지 않고 피해를 받지도 않는다.

"부드러움이 강함을 이길 수 있다"는 도리는 아주 깊어서 잘 깨달아야 한다.

물고기는 깊은 못을 떠나서는 안 되는데 만약 물고기가 깊은 못을 떠난다면 생명에 위험이 있기 쉽다. 국가의 예리한 무기를 자랑해서는 안 되고 나라의 중임을 맡은 사람도 그 재주를 드러내어 자랑해서도 안 된다.

제37장

무위로 하지만 또 이루지 않는 것이 없다

도는 항상 무위로 하지만 이루지 않는 것이 없다. 통치자가 만약 이것을 지킬 수 있다면 만물은 저절로 변화 발전될 것이다. 변화 발전되다가 사람들의 욕심이 과도해지면 나는 이름 없고 순박(無名之樸)한 것으로 안정시킬 것이다. 이름 없고 순박한 것으로 안정시키면 또한 욕심이 없어진다. 욕심이 없어 고요하면 천하는 자연히 안정될 것이다.

※ 묘한 풀이

대**도**는 자연을 따르고 함부로 나쁜짓을 하지 않는다. 하지만 대자연의 형성 변화는 어느 하나도 **도**에 의해 형성 변화되지 않는 것이 없다.

나라의 상층 지도자가 만약 **도**를 배우고 **도**를 지키고 **도**를 행할 수 있다면 정부 기관의 풍기는 청렴해지고 윗사람이 하는 대로 아랫사람이 본받으며 세상의 기풍이 상서롭고 평화로와지며 만물은 각기 제자리로 돌아가고 저절로 형성변화되며 자연히 비바람이 순조롭다.

만약 세상의 기풍이 발전 변화되어 인위적인 조작이 너무 많고 풍기가 문란해진다면 나는 **도**의 특징, 특성인 "이름이 없고 순박함"을 본받아 사회의 안정을 촉진시킬 것을 주장하고 백성들을 협조하여 각종 욕심을 담백하게 하여 애초의 순수함과 순박함으로 돌아가게 한다.

정부가 정치를 함에 있어서 만약 중생들의 탐욕을 키우지 않을 수 있다면 세상의 기풍과 민심은 점점 평온해지고 사회는 자연히 안정해진다.

제38장

도(道)→덕(德)→인(仁)→의(義)→예(禮)→지(智)→법(法)

상등의 덕은 스스로 덕이 있다고 여기지 않으므로 덕이 있고 하등의 덕은 덕을 잃지 않으려 하므로 덕이 없다.

상등의 덕은 무위로서 무엇을 위하여 함이 없고 하등의 덕은 무위로 한다면서 무엇을 위하여 한다.

상등의 인은 인위적으로 하되 무엇을 위하여 함이 없고 상등의 의는 인위적으로 무엇을 위하여 한다.

상등의 예는 인위적으로 하되 따라서 예를 지키지 않으면 팔소매를 걷어 올리고 쫓아 버린다.

그러므로 '도'를 잃은 후에 '덕'이 있게 되고 '덕'을 잃은 후에 '인'이 있게 되며 '인'을 잃은 후에 '의'가 있게 되고 '의'를 잃은 후에 '예'가 있게 된다.

무릇 '예'가 있게 된 것은 충직과 믿음이 박약해졌고 혼란이 시작됨을 의미한다.

미리 아는 것은 '도'의 겉치레이고 어리석음의 시작이다. 이러므로 대장부는 돈후함에 처하지 경박함에 있지 않고 실속이 있음에 처하지 겉치레에 있지 않는다. 그러므로 저것을 버리고 이것을 취한다.

※ 묘한 풀이

상등 덕행이 있는 사람은 자기가 덕이 있다고 뽐내지 않고 떠벌리지 않는다. 음덕(陰德)을 쌓는 사람이야말로 진정으로 덕이 있는 사람이다.

하등 덕행이 있는 사람은 자기가 얼마나 큰 공덕이 있다고 널리 알리는 것을 잊지 않는데 공로가 있다고 자처하는 마음이 있으면 공이 없으므로 음덕을 남겨 놓지 못한다.

최상의 덕이 있는 사람은 제멋대로 나쁜 짓을 하지 않고 다만 묵묵히 나라와 국민에게 이로운 일을 많이 하며 종래로 공로가 있다고 자처하지 않고 뽐내지 않으며 사심이 없고 바라는 것이 없다.

덕이 낮은 사람은 입으로는 무위이고 사심이 없다고 말하지만, 늘 자아로 운행할 뿐만 아니라 자기가 얼마나 많은 일을 하였다고 자랑한다.

심령 품질이 상등 인(仁)인 사람은 자아로 감당하고 많은 일을 하지만 공이 있다고 자처하지 않고 뽐내지 않으며 오만한 마음이 없다.

아주 의리를 지키는 사람은 적극적으로 감당하려고 노력하고 많은 일을 하지만 자기가 얼마나 능력이 있고 얼마나 대단하며, 얼마나 훌륭하다고 자랑한다.

예절을 잘 지키고 예의상 오가는 것을 중요시하는 사람은 적극적으로 아주 많은 일을 하지만 만약 상대방이 평등하게 대하지 않고 예의상 오가는 것을 중요시하지 않는다면 상대방을 예절을 모르는 사람이라고 여기고 나아가 좋지 않은 태도를 취하여 쫓아낸다.

심령 품질의 차원은 아래와 같다. **도**에서 발원한 청정(淸淨)한 심령 품질을 보유하고 있는 이것은 우주 최고급의 심령 품질이다. **도**를 잃은 후에 '덕'의 차원으로 하강되고 덕을 잃은 후에 '인'의 차원으로 떨어지며 인을 잃으면 다시 '의'를 지키는 차원으로 낮아지고 의를 잃고서야 '예의'를 중요하게 여기는 차원으로 내려간다.

인류의 심령 품질이 곳곳마다 예절을 지키고 예의상 오고 가는 것을 중시하는 쪽으로 하강하였다면 이는 사회의 충성과 신용이 (내심으로부터 우러나오는) 이미 아주 박약해지고 사회가 이미 혼란해지기 시작하였음을 나타낸다.

» 주석

고등 심령인 사람은 자연히 내심으로부터 우러나오는 자각과 자아로 단속을 하고 외부의 규범이 필요하지 않다. 심령 차원이 낮아진 후 자아 단속 능력을 잃어야 비로소 외재적인 예의, 예절로 규범화하는 것이 필요하다. 더 낮아진 심령은 야성을 띠어 딱딱한 법률 조문으로 규범화하는 것이 필요하다. 《도덕경》을 배우는 것은 바로 사람마다 본래 충분히 갖고 있는 신성한 심령 ('**도**'의 심령 품질로 되돌아가는 것이다.)

많은 사람들이 부러워하는 "신통력, 초능력"은 **도**에 대해 말하면 그것은 다만 부차적인 것이고 사소한 것이며 보잘것없는 재주일 뿐만 아니라 쉽사리 한 사람으로 하여금 끊임없이 자신을 팽창시켜 자기도 모르는 사이에 앞으로 실패와 고통을 초래할 많은 씨앗을 심어 놓는다.

그러므로 담력과 식견이 있는 대장부는 세속 사람들의 가치관에 따라 명예와 이익, 권세, 초능력을 추구하지 않고 생명의 중심을 "**도**를 체험하고→**도**를 깨닫고→**도**를 행하며→**도**와 합일하"는데 둔다. 이래야만 진정한 안심, 즐거움과 행복, 자유를 얻을 수 있다.

무엇이야말로 우리 생명에서 가장 중요한 핵심이며 무엇이 부차적인 것이고 사소한 것인가를 알아야 한다. 근본을 버리고 가지와 잎 같은 것을 추구하여 일생을 헛되게 보내지 말아야 한다.

도덕경
심령으로 읽다

제39장

하늘의 도를 따르면 나라가 태평하고
백성이 편안하지만,
하늘의 도와 어긋나면 재해가 끊임없다

예로부터 하나(도)를 얻은 것들은 이러하다. 하늘은 하나를 얻어 맑고 땅은 하나를 얻어 안정되며 신은 하나를 얻어 영험하고 골짜기는 하나를 얻어 가득차며 만물은 하나를 얻어 생장하고 제후와 임금은 하나를 얻어 천하를 바르게 한다. 이 모든 것은 하나가 초래한다.

하늘이 맑을 수가 없으면 아마 곧 갈라져 부서질 것이고 땅이 안정할 수가 없으면 아마 곧 재난이 발생할 것이며 신이 영험할 수가 없으면 아마 곧 쓸모가 없을 것이고 골짜기가 가득찰 수가 없으면 아마 곧 말라 버릴 것이며 만물이 생장할 수가 없으면 아마 곧 괴멸될 것이고 제후와 임금이 바를 수가 없으면 아마 곧 뒤집히게 될 것이다.

그러므로 귀한 것은 천한 것을 근본으로 하고 높은 것은 낮은 것을 기초로 한다. 그러므로 제후와 임금은 스스로를 고(孤 외로운 사람), 과(寡 부족한 사람), 불곡(不穀 선하지 못한 사람)이라 낮추어 부르는 것이다.

이것이 천한 것을 근본으로 하는 것이 아니겠는가? 안 그런가? (사람들이 싫어하는 것은 다만 고(孤), 과(寡), 불곡(不穀)이지만 제후와 임금은 오히려 그것들로 자칭한다.) 그러므로 최고의 명예는 명예가 없으며 옥같이 귀하기를 원하지 않고 돌처럼 소박하기를 바란다.

※ 묘한 풀이

옛사람이 강조하는 '하나'를 얻는(득**도**하는) 것이 도대체 얼마나 중요한가?

하늘은 **도**가 있으면 맑고 깨끗해지고 자연재해가 없으며 땅은 **도**가 있으면 안정되고 신은 **도**가 있으면 영험해지며 산골짜기는 **도**가 있으면 물자원이 충족해지고 만물은 **도**의 영양을 공급받아야 만이 끊임없이 생장하고 번성하며 군왕은 **도**가 있으면 자연히 양심에 의거하여 천하를 바로 잡는다. 이것들은 모두 **도**가 있기에 모든 것이 비로소 존재할 수 있는 것이다.

만약 '하나'를 잃으면(**도**를 잃으면) 어떤 결과가 있겠는가?

하늘이 맑고 깨끗하지 못하면 아마 터져 갈라질 것이고 (태양계의 자기장(磁場)이 혼란해진다) 땅은 **도**가 없으면 평안하지 못하며 많은 재난이 발생할 것이다. 신은 **도**가 없으면 영험하지 못하여 역할을 하지 못하고 산골짜기는 **도**가 없으면 물 자원이 곧 마를 것이며 만물은 **도**의 영양을 공급받지 못하면 생장하지 못하고 점차 괴멸될 것이며 군왕은 **도**가 없으면 폭군이 되어 뒤집히기 쉽다.

세상 사람들이 인정하는 고귀함은 모두 소홀함과 업신여김을 당하는 **도**를 근본으로 하고 높은 빌딩은 발밑에 밟힌 대지를 기초로 한다. (지구, 강산과 대지도 모두 **도**의 화신(化身)이고 나타난 상이다.

도의 받침과 양육이 없으면 모든 것이 성립될 수 없다. **도**는 바로 우리의 발밑에서 묵묵히 모든 것을 받쳐 주고 육성한다.) 그러므로 군왕은 "고독한 고(孤)자, 부족한 과(寡)자, 선하지 않은 불곡 (不穀)자", 이런 아래에 처하고 겸손한 이름으로 자칭한다. 이것은 모두 **도**의 아래에 처하여 겸손하게 자기를 낮추는 정신을 본받는 것을 근본으로 백성을 위하여 봉사하는 것이다. 그렇지 않은가?

이러하므로 군왕은 오히려 세상 사람들이 싫어하는 "고독하다, 부족하다, 선하지 않다"는 이런 듣기 싫은 이름으로 자칭하는지를 이해하기 어렵지 않다.

도는 본래는 응당 가장 높은 칭찬을 받아야 했지만, 알아보는 사람이 없기 때문에 칭찬하는 사람도 없다. **도**는 일체 만물을 변화 발전하고 일체중생에게 영양을 공급한다. 우리 생명이 생존할 수 있는 것은 모두 **도**가 양육하고 있는 것인데 본래 우리가 칭찬하고 찬양하며 감사해야 할 **도**가 오히려 이렇게 세상에 이름이 없고 알아보는 사람이 적으며 극히 드문 사람만이 칭찬하고 찬양한다.

도를 깨닫고 **도**에 밝은 사람은 **도**의 특징과 특성을 본받아 명예와 이익을 다투려 하지 않고 우쭐대려고 하지 않으며 비록 아래에 처하지만 조금도 열등감(自卑心)이 없다.

제40장

만물은 '공무(空無)'에서 발원한다.

반대 방향으로 변화하는 것이 도의 움직임이고 유약한 것이 도의 쓰임이다.
천하만물은 유에서 생기고 유는 무에서 생긴다.

※ 묘한 풀이

도는 정반 양극(正反兩極), 일음일양(一陰一陽)의 상호작용을 통하여 일체 만물을 창조한다. (아무리 미세한 입자(粒子)라도 모두 음양이 공존한다.)

유약한 공무야말로 **도**가 작용을 하고 있는 부분이다.

지구상 모든 식물, 동물(천하 만물)은 모두 형태가 있고 모양이 있는 태양과 지구에 의하여 생성하고 발육된다. (은하계도 참여한다.) 형태가 있고 모양이 있는 은하계, 태양계, 지구는 모두 우주 본체인 '공무'에 의하여 발전 변화되어 형성된 것이다. (과학계 최신의 "무(無)의 물리", 암물질(暗物質) 연구는 이 영역을 탐구하고 있다.)

제41장

하등 심령 품질인 사람은
도를 들으면 크게 비웃는다

상등 심령 품질인 사람은 도를 들으면 부지런히 행하고 중등 심령 품질인 사람은 도를 들으면 반신반의하며 하등 심령 품질인 사람은 도를 들으면 크게 비웃는다. 비웃지 않는다면 도라고 하기에는 부족하다. 그러므로 다음과 같은 말이 있다.

도에 밝은 사람은 어리석은 것 같고 적극적으로 도를 실행하는 사람은 뒤로 물러나는 듯하며 완전한 도는 흠이 있는 듯하다. 가장 높은 덕행이 있는 사람은 마음이 골짜기처럼 비어 있으며 가장 결백한 마음을 간직한 사람도 다른 사람에게서 모욕을 당하고 드넓은 덕행이 있는 사람은 부족한 듯하며 덕을 세우고 있는 사람도 게으른 듯하고 실질적인 덕행이 있는 사람은 변덕스러운 듯하다. 가장 큰 사각형은 변두리가 없고 큰 그릇은 뒤늦게 이루어지며 가장 큰 소리는 들리지 않고 큰 형상은 모양이 없으며 도는 감추어져 있고 이름이 없다.
오직 도만이 잘 봉사하고 또 잘 성취시킨다.

※ 묘한 풀이

　상등 근성(根性, 심령 품질)인 사람은 **도**를 듣자마자 곧바로 본받아 부지런히 힘써 실천한다. 중등 근성인 사람은 **도**를 듣고 배척하지는 않지만 소중히 여기지도 않으므로 있어도 되고 없어도 된다. 하등 근성인 사람은 **도**를 듣고 소중히 여기지 않을 뿐만 아니라 오히려 비웃고 비판한다. 만약 하등 근기(根器)인 사람이 **도**를 비웃지 않는다면 이 **도**는 아무런 현묘함이 없음을 나타낸다.

　그러므로 옛날의 **도**에 밝은 사람이 **도**를 깨닫고 **도**를 행하는 사람을 다음과 같이 형용하였다. 진정으로 **도**에 밝은 사람은 세상과 다투지 않으며 보기에는 마치 우매한 사람 같다. 잡념을 버리고 한마음으로 **도**를 닦는 사람은 부단히 각종 집착과 틀어쥠을 내려놓으므로 보기에는 마치 점점 후퇴하고 있는 것 같다. 진정으로 **도**를 행하고 있는 사람은 애초의 순수함과 순박함으로 돌아간 사람이며 보기에는 세속 사람과 다른 점이 없다.

　상등 덕행인 사람은 그 어떤 오만함도 없고 언제나 매우 겸손하고 허심하다. 마음이 태양과 같이 결백한 사람도 여전히 많은 욕을 당한다. 광대한 덕행이 있는 사람은 보기에는 마치 아직도 매우 많은 결함이 있는 것 같다. **도**에 밝고 덕을 세우는 사람은 겉보기에는 그렇게 적극적이 아니고 마치 게으름을 많이 피우는 것 같다. 실제로 **도**를 행하고 덕을 쌓고 있는 사람은 한가지 법에 얽매이지 않기 때문에 보기에는 마치 변덕스러운 것 같다.

도량이 넓은 사람은 그 마음이 끝없이 넓고 한계가 없다. 국가와 인류에게 진정으로 위대한 공헌이 있는 인재는 보통 모두 비교적 긴 세월의 시련을 겪어야 한다. 세상 사람을 일깨울 수 있는 위대한 소리는 이 세계에 아주 희소하다. 극히 광대한 우주 본체 '공무'는 형상이 없고 모양이 없다.

진정으로 중생을 양육하고 있는 "위대한 **도**"는 묵묵히 이름없이 세상 사람들의 발밑에 짓밟혀 있다. 진정으로 득**도**한 사람은 "나는 득**도**한 사람이다"라고 자신을 자랑하지 않는다. 득**도**한 사람은 **도**처럼 오직 무아무사하고 조건이 없으며 아무것도 바라는 것이 없이 묵묵히 봉사하고 중생들을 성취시킬 뿐이다.

도는 감추어져 있고 이름이 없다.

오직 도만이 잘 봉사하고 또 잘 성취시킨다

제42장

현대 창세기

도에서 하나가 생기고 하나에서 둘이 생기며 둘에서 셋이 생기고 셋에서 만물이 생긴다. 만물은 음을 지고 양을 품고 있는데 음양의 두 기가 화합하여 조화를 이룬다.

그러므로 만물의 이치는 감소되면 오히려 증가하고 증가되면 오히려 감소한다. 도를 깨달은 사람들이 가르치는 것을 나도 역시 가르친다. 힘을 믿고 횡포한 짓을 하는 자는 제명에 죽지 못한다. 나는 이것을 가르침의 근본으로 삼는다.

※ 묘한 풀이

현상계 일체 만물은 어떻게 생겨난 것인가?

도(우주 본체, 공무)에는 무궁하고 거대한 에너지가 매장되어 있어 공무안으로부터 미세한 입자가 신속히 생겨 나온다. 아무리 미세한 입자라도 모두 음양 입자가 동시에 나타난다. (과학계의 최신 "무의 물리학"이 이미 이를 증명할 수 있다.)

미세한 입자로 원자, 분자를 구성하고 거대한 별구름(星雲)을 형성하며 은하계 태양계도 점점 배태되어(蘊育) 나왔다. (모두 **도**에서 발전 변화되어 나온 것이다.)

"태양, 지구, 허공"이 삼자의 생성과 발육 아래 지구상의 식물 동물 등 만물이 점차 탄생하여 나온다.

만물은 모두 음양(자, 웅)이 동시에 나타날 뿐만 아니라 만물 자체 또한 음양의 속성을 모두 함유하고 있다. (남녀 자체가 모두 양맥과 음맥을 갖고 있으며 체내의 '기(氣, 기운)'는 양에 속하고 '피'는 음에 속한다.) 양성이든 음성이든 모두 **도**의 무형의 에너지—기(炁)로 온몸을 가득 채워야 생명이 생존할 수 있고 조화롭게 운행할 수 있다.

우주의 운행 법칙은 동적인 균형을 유지하는 것이다. 만물은 상생과 상극(相生相克)을 통하여 동적인 균형과 조화를 유지한다. 그러므로 만약 단일 원소(생물의 종류)가 지나치게 강성(强盛)하면 대자연에는 상극할 수 있는 생물의 종류가 나타나 그것을 삭감하여 평형을 유지한다. 만약 단일 원소가 너무 쇠약하면 대자연은 한 줄기의 힘으로 도움과 이익을 주어 동적인 균형에 이르게 한다.

무릇 **도**를 깨닫고 **도**에 밝은 사람은 모두 세상 사람에게 "우주의 진리 실상과 우주의 운행 법칙"을 가르쳐 알게 한다. 나도 마찬가지로 내가 깨달은 **도**를 세상 사람에게 가르쳐주어 알게 한다.

무릇 지나치게 자기가 강하다고 교만하며 오만하고 제멋대로 날뛰는 사람은 제명에 죽지 못할 것이다. 하늘의 **도**에 거슬러 하면 스스로 고생을 사서하고 재앙을 초래하게 된다. 나는 인류를 협조하여 **도**를 알게 하고 예로부터 변함없는 우주의 운행 법칙을 알게 하여 하늘의 **도**에 따라 행하게끔 도와준다.

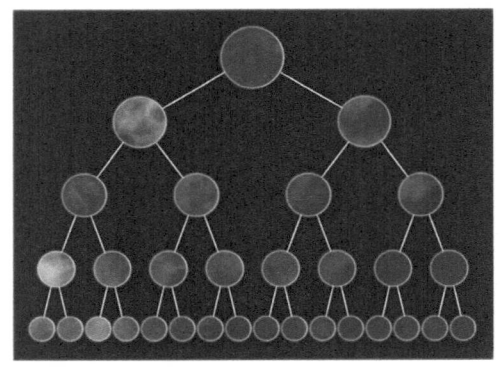

도에서 하나가 생기고 하나에서 둘이 생긴다.

둘에서 셋이 생긴다.

셋에서 만물이 생긴다.

제43장

유연한 것이 굳센 것을 이기고
무위가 유위를 이긴다

천하에서 가장 부드러운 것이 천하에서 가장 단단한 것을 부리고 무유(無有)는 틈이 없는 속으로 들어간다. 나는 이로인해 무위의 유익함을 안다. 말 없는 가르침과 무위의 유익함을 천하에 아는 자가 드물구나!

※ 묘한 풀이

천하에서 제일 부드러운 것이 천하에서 제일 단단한 것을 부릴 수 있다. 밀도가 아무리 높고 아무리 단단한 물건이라도 '공무'는 모두 꿰뚫을 수 있고 모두 부릴 수 있다.

(제일 단단한 다이아몬드를 포함하여 모든 물질의 분자, 원자 안에 모두 거대한 공간이 있다. 만약 '공무'의 떠받침이 없으면 모든 원자, 분자는 다 존재하지 않는다. 다시 말하면 만약 '공무'의 꿰뚫음과 떠받침이 없다면 모든 물질이 다 존재할 수 없다.)

도의 '공무'가 일으키는 신묘한 작용과 중요함은 나로 하여금 "자아를 비우고 자아로서 함부로 나쁜 짓을 하지 말아야 함"의 좋은 점을 체득하게 하였다.

　대자연(**도**)이 바로 문자가 없는 "무자천서(無字天書)"이며 대자연은 언어, 문자로 설교하는 것이 아니라 몸소 모범을 보여서 나타내고 있다. 대자연(**도**)이 나타내는 사심이 없고 무위하면서도 이루지 않는 것이 없는 계시를 보고 이해할 수 있는 사람이 매우 적고 깨달을 수 있는 사람도 매우 적다.

» 주석

　무자천서-대지풍운경(大地風雲經)과 대자연의 계시를 보고 이해하는 법을 배워야 한다. 대자연을 스승으로 모시고 본보기로 삼아 따르고 노력해야 한다.

제44장

명예와 이익을 추구하다가 목숨을 잃는다

명성과 생명은 어느 쪽이 더 중요한가? 생명과 재물은 어느 쪽이 더 귀중한가? 명예와 이익을 얻는 것과 생명을 잃는 것은 어느 쪽이 더 해로운가?
그러므로 지나치게 사랑하면 반드시 큰 대가를 치르게 되고 많이 모아 두면 반드시 더 많은 것을 잃게 된다.
만족할 줄 알면 모욕을 당하지 않고 멈출 줄 알면 위태롭지 않아 오래 유지할 수 있다.

※ **묘한 풀이**

헛된 명성과 생명을 비교하면 어느 쪽이 중요한가?
생명과 몸 밖의 금은보화를 비교하면 어느 쪽이 진귀한가?
명예와 이익을 얻기 위하여 생명을 잃는 것이 가치가 있는가?

더 많은 마음속의 집착하는 사랑을 얻기 위해서는 뼈 아픈 대가를 치러야 한다. 사람이 만약 욕심이 그지없다면 더 많은 것을 잃고 심지어 목숨까지 잃게 된다.

만족할 줄 아는 사람은 모욕을 당하지 않게 되고 전진과 후퇴를 할 줄 아는 사람은 재앙을 향해 돌진하지 않는다.

만족할 줄 아는 사람은 항상 즐겁고 그의 생명과 음덕은 모두 오래도록 유지될 수 있다.

도덕경

심령으로 읽다

제45장

완전함의 아름다움을 감상한다

크게 이루어진 것은 결함이 있는 것 같지만 그 쓰임은 끝이 없고 크게 채워진 것은 공허한 것 같지만 그 쓰임은 무궁하다.
큰 곧음은 굽은 듯하고 큰 교묘함은 서툰 듯하며 큰 논변은 더듬는 듯하다.
고요함이 조급함을 이기고 차가움이 뜨거움을 이긴다. 맑고 고요한 것이 천하의 바른 기준이 된다.

※ 묘한 풀이

위대한 **도**(대자연)는 보기에 많은 결점이 있는 것 같지만 대자연의 창조력은 무궁할 뿐만 아니라 폐기물이 없고 오염이 없다. 우주 본체 '공무'는 보기에는 공허하고 아무것도 없는 것 같지만 그 안에 무궁무진하고 거대한 에너지가 저장되어 있을 뿐만 아니라 신묘한 작용이 무한하다. (일반 세속 사람들은 대부분 천박한 겉모양 혹은 토막으로만 본 후 판단을 내리므로 **도**의 현묘함을 알아보기 쉽지 않다.)

도를 깨닫고 **도**를 행하는 사람은 양심이 있고 마음이 정조하며 남과 승부를 다투지 않기에 보기에는 마치 연약하고 굴복하는 사람 같다.

도에 밝은 사람은 교묘한 창조력이 넘치는 사람이지만 세속적인 그런 기교를 쓰지 않으므로 사람으로 하여금 아주 우둔하다고 느껴지기 쉽게 한다.

도를 행하는 사람은 고등지혜를 소유한 사람이고 세상 사람들과 아무런 논쟁을 하지 않으므로 보기에는 마치 순박하고 말주변이 없는 사람 같다.

냉정해야만 들뜬 것을 가라앉힐 수 있고 서늘함은 뜨거움을 냉각시킬 수 있다. (경솔하고 충동하면 경계(境界)의 노예가 되기 쉽다.)

심령이 청정하고 몸과 마음이 평온한 사람은 자연히 위엄이 있는 바른 기품을 나타내므로 천하의 본보기가 될 수 있다. (사람의 마음을 맑게 할 수 있다.)

제46장

매혹되면 아무것도 없지만
깨달으면 아무런 부족함이 없다

천하에 도가 있으면 군마로 거름을 주고 천하에 도가 없으면 암말이 교외의 전쟁터에서 망아지를 낳는다.
만족할 줄 모르는 것보다 더 큰 화는 없고 얻으려는 욕심보다 더 큰 죄는 없다. 그러므로 만족할 줄 아는 만족이 영원한 만족이다.

※ 묘한 풀이

만약 "**도**는 무엇인가? **도**는 우리의 생명과 어떤 밀접한 관계가 있는가?"라는 진리 실상을, 교육을 통하여 전면적으로 널리 보급한다면 세상 사람들은 우리가 모두 한 뿌리 한 근원의 형제자매이고 우리가 모두 생명공동체임을 알게 되며 자연히 자신을 사랑하는 마음으로 모든 사람을 평등하게 사랑할 것이다. 그때 이 세상에는 전쟁이 없을 것이므로 군마들은 전쟁터에 나갈 필요가 없이 밭을 가는 데 쓸 수 있다. (천하에 **도**가 있으면 온 세상이 평화롭다.)

만약 **도**에 대한 인식(認知)교육이 널리 보급되지 않는다면 세상 사람들이 생명의 실상(운명공동체)에 대한 인식을 잘못 가지게 되어 부단히 서로 공격하고 싸우는 것을 초래하고 나라와 나라의 충돌 대립과 전란(戰亂)이 그치지 않으므로 암말도 부득이 전쟁터에 나가게 되어 황량한 교외에서 망아지를 낳는다. (천하에 **도**가 없으면 세계가 혼란하다.)

크게는 국가 작게는 개인이 무엇 때문에 목숨을 잃고 멸망하는 재앙을 초래하게 되는가? 주로는 모두 "만족할 줄 모르기" 때문이다. 끝없이 욕심을 부리고 줄곧 남을 침략하려 하면 필연코 좋지 않은 업보(報應)를 불러오게 된다.

진정으로 **도**를 체득하고 **도**를 깨달은 사람은 생명중에서 제일 진귀한 **도**를 찾아 생명의 실상을 안 후 자연히 안심하고 자유로우며 곳곳마다 만족해하고 시시각각 모두 만족을 느낀다. **도**와 합일한 그런 행복과 즐거움은 어느 곳에나 다 있고 항상 모두 자연스럽고 진심으로 은혜에 감사해하고 만족해한다.

제47장

만물을 조용히 관찰하면 모두 스스로
얻으므로 마음 밖에서(도를) 구하지 말라

문밖을 나서지 않아도 천하를 알고 창밖을 내다보지 않아도 하늘의 도를 본다. 도는 멀리 나가서 찾을수록 그에 대해 아는 것이 더욱 적다.
그러므로 성인은 멀리 나가지 않고도(도를) 알고, 보지 않고도(도에) 명백하며 인위적으로 하지 않고도(도를) 이룬다.

※ 묘한 풀이

대자연, 현상계의 일체(대지, 흐르는 물, 태양, 공기, 산하대지(山河大地), 일월성신(日月星辰)…)는 모두 **도**의 나타난 상이고 **도**의 화신이다. 만약 **도**가 어디에나 다 있다는 것을 깨달았다면 먼 길을 떠날 필요 없이 천하의 대**도**를 알 수 있다. 문과 창문을 열지 않고드 "하늘의 **도**"를 볼 수 있는 것은 **도**가 없는 곳이 없기 때문이다.

우리가 매일 유동변화하는 매순간에 모두 **도**에 잠겨 있는데 마치 물고기가 바닷속에 잠겨 있는 것과 같다. (공자가 말하기를: **도**는 종래로 잠시라 우리를 떠난 적이 없다.)

　만약 먼 길을 떠나야 한다거나 산에 오르고 바다로 나가면서 여기저기 찾고 도처에로 다니면서 수련해야만 **도**를 찾을 수 있다고 여기는 이런 관념을 가진 사람은 **도**가 무엇인지를 모르고 **도**가 바로 눈앞의 모든 곳에 널리 퍼져 있다는 것을 모른다는 것을 나타낸다. 그러므로 더욱더 멀리 가서 **도**를 찾아야 한다고 할수록 그가 진정한 **도**에 대해 아는 것이 더 적음을 의미한다. (마치 바닷속의 물고기처럼 매우 고생스럽게 이곳저곳 다니면서 '바다'를 찾는 것과 같다.)
　그러므로 덕행이 있는 성인은 먼 길을 떠날 필요가 없이 **도**를 알 수 있고 도처에로 다니면서 관찰하고 고찰할 필요가 없이 **도**가 어디에 있고 **도**의 특징과 특성이 무엇인가를 알 수 있으며 노력하여 **도**를 닦을 필요가 없이 **도**와 합일하고 득**도**할 수 있다.

> » 주석

　사람마다 본래 **도**에 잠겨 있으므로 밖에서 찾거나 노력하여 수련한 후에야 비로소 **도**가 있는 것이 아니라 본래 **도**에 잠겨 있다는 것에 대해 명백한지 명백하지 않은지, 깨달았는지 깨닫지 못하였는지의 문제이다. '공기'도 **도**인데 우리가 태어나기 전부터 지금까지 잠시나마 공기를 떠난 적이 있었는가?

제48장

도를 닦아 공(空)에 이르면
신묘한 작용을 일으킨다

학문은 배우면 나날이 늘어나고 도는 닦으면 나날이 줄어든다. 줄이고 또 줄여서 무위에 이른다. 무위로 하면 이루지 못함이 없다.
천하를 다스리려면 항상 무위로써 해야 하지 인위적으로 조작하면 천하를 다스릴 수 없다.

※ 묘한 풀이

세상 사람들은 학문을 탐구하고 배우며 수행하는 데 힘쓰는데 이러면 한 사람으로 하여금 학문이 날마다 늘어나고 수확이 날로 증가되며 더욱 많은 성취감이 있음을 느끼게 한다. 또 쉽게 사람으로 하여금 오만과 자부심을 증가하게 하고 자아의식을 강화시킨다.

진정한 **도**의 배움과 수행의 과정은 오히려 "날마다 줄어드는 것이다". 우리의 잘못된 인식과 지식(認知), 관념, 마음가짐과 행위를 돌이켜 보고 비추어서 하나하나씩 제거하고 정화(淨化)해 버린다. (바로 그런 잘못된 지견, 관념, 마음가짐이 자신을 저애하여 **도**를 인식하지 못하고 찾지 못하게 한다.)

자신의 고통과 불안을 여실히 직면하고 좀 더 깊이 들어가 돌이켜 보고 정화하여 가장 깊숙한 곳의 잘못된 관념과 지견을 찾아내어 하나하나 정화해버린다. 그러면 언젠가 각성하여 '무위'의 세계를 체득할 것이다. 즉 원래 **도**는 유위의 힘쓴 수행을 통하여 수련해 내는 것이 아니라 인위적인 행위로 할 필요가 없이 **도**는 자연히 나타난다. 왜냐하면 **도**는 본래 모든 곳에 다 존재하기 때문이다.

도에 밝은 사람은 '무위'의 깊은 뜻을 체득하고 모든 생명의 신성함을 체득하였으며 자아(소아小我)의식이 철저히 녹아 사라져 유동변화하는 매순간마다 **도**와 합일하여 안심하고 자유롭다. 이로부터 하나의 참신한 생명 신성한 생명이 탄생하여 자연히 무아 무사로 공헌하고 봉사하며 보답한다.

천하 백성을 교화하려면 반드시 "**도**는 본래 모든 것을 충분히 갖추고 있고 세상에 본래 아무런 일이 없는데 평범한 사람은 스스로 문제를 야기시킨다"는 도리를 깨달아야만 비로소 백성들을 정확히 인도하여 애초의 순수함과 순박함으로 돌아가게 할 수 있고 안심하고 자유로워지게 할 수 있다. 만약 "**도**는 본래 모든 것을 충분히 갖추고 있다"는 것을 모른다면 자아의 관념과 지견으로 백성들을 인도하기에 도울수록 더 바쁘고 할수록 더 혼란스럽게 하여 천하 민심을 안정시킬 수 없다.

제49장

자비 대애로 모든 중생을 선량하게 대한다

성인은 고정적인 마음이 없고 백성들을 자신의 마음에 담는다.
선량한 사람을 나는 선하게 대하고 선량하지 않은 사람도 나는 선하게 대하는데 이것이 덕행이 있는 선이다.
신용을 지키는 사람을 나는 믿음으로 대하고 신용을 지키지 않은 사람도 나는 믿음으로 대하는데 이것이 덕행이 있는 믿음이다.
성인은 천하를 다스림에서 자신의 의지를 거두어들이고 천하 백성들을 순박한 마음으로 대한다. 백성들은 모두 눈과 귀를 성인에게 집중하며 성인은 백성들을 모두 자식처럼 사랑한다.

※ 묘한 풀이

덕행이 있는 성인은 고정불변하지 않고 고집스레 낡은 틀에 매달리지 않으며 각종 인연 상황을 보며 조절한다. 백성들을 마음속에 두고 그들의 생활과 수요를 잘 보살핀다.

선량한 사람을 우리는 선하게 대해주고 선량하지 않은 사람도 우리는 선하게 대해준다. 이것이 바로 진정한 선의 덕행이다.

신용을 지키는 사람을 우리는 신임하고 신용을 지키지 않는 사람도 우리는 신임한다. 이것이 바로 진정한 믿음의 덕행이다.

(선량하지 않고 신용을 지키지 않는 사람은 각자가 자신의 인연이 있으므로 우리는 이해해 주고 포용해 주어 그들에게 스스로 잘못을 고치고 선한 것을 따를 수 있는 기회를 주게 한다.)

덕행이 있는 성인은 순박하고 착실하며 드넓은 포용심이 있는 사람이기에 자비 대애의 마음으로 천하 백성을 선하게 대한다. 그러므로 자연히 백성들의 경모(景仰)와 추대(愛戴)를 받는다. 덕행이 있는 성인도 천지 부모처럼 천하 백성을 모두 한집안 식구같이 보고 자식처럼 애호한다.

제50장

인자한 사람은 적이 없다

태어나서 살다가 죽음으로 들어가는데 삶의 부류가 열에 셋이고 죽음의 부류가 열에 셋이다. 또 일생을 분망히 보내다가 죽는 길로 가는 사람이 열에 셋이다. 왜 그런가? 삶을 지나치게 집착하기 때문이다.

듣건대 득도한 사람은 육지를 다녀도 코뿔소나 호랑이를 만나지 않고 군대에 들어가도 살상을 당하지 않는다. 코뿔소는 그 뿔로 찌르지 않고 호랑이는 그 발톱으로 허비지 않으며 적군도 예리한 날로 해치지 못한다. 왜 그런가? 이런 사람은 죽음의 경지(死地)에 처하지 않기 때문이다.

※ 묘한 풀이

태어나서부터 죽을 때까지 사람의 일생을 경과한다.

사람의 일생은 대략 세 가지 부류로 나눌 수 있다. 삼분의 일인 사람은 아주 행복하고 즐겁게 살며 생명의 의의를 발휘한다. 삼분의 일이 되는 사람은 인생을 아주 막연하게 보내는데 생명이 마치 살아 있는 시체 같아 몸은 비록 움직일 수 있지만 그 마음은 이미 죽었다. 또

삼분의 일이 되는 사람은 온종일 줄곧 바쁘게 일하는데 언제나 끝내지 못할 일과 많은 걱정거리로 줄곧 애써 일하다가 죽는다. 왜 이런가? 생명의 실상에 대해 잘 모르기에 항상 목숨을 아끼고 죽음을 두려워하며 온갖 방법을 다해 목숨에 집착하여 붙잡으려 하기 때문이다.

도에 밝은 사람은 생사대사를 깊이 깨달았기에 자신의 생명을 소중히 여기지만 잡지 않는다. 자신의 생명을 애호하고 또 자기 마음으로 남의 마음을 헤아려 모든 생명을 애호하며 마음속에 나쁜 사람이 없고 적이 없다. 그러므로 진심에서 우러나와 모든 생명을 애호하고 자비대애의 자기장(磁場)을 발산하는 사람은 길을 걸어도 사나운 범을 만나지 않고 군대에 들어가도 상처를 받거나 해를 입지 않는다. 설령 맹수를 만나도 맹수는 그를 공격하지 않는다. (동물은 인류가 발산하는 것이 어떤 자기장인지를 감수할 수 있다. 사나운 짐승이 만약 이 사람이 적의가 없고 게다가 우호적인 것을 감수한다면 그들은 사람을 공격하지 않는다. 식물, 흐르는 물도 감수하는 능력이 있다.)

무엇 때문에 병기와 맹수로부터 상처와 해를 받지 않을 수 있는가? 그것은 마음속에 이원대립의 관념이 없고 적이 없으며 추호의 상처와 해를 주려는 마음이 없고 오직 자비대애의 마음뿐이므로 자연히 죽음의 위협이 없는 세계에 처하여 있다.

제51장

천지 부모의 은혜

도가 만물을 낳고 덕이 만물을 기르니 만물이 형상이 이루어지고 환경이 만물을 성장시킨다.
그러므로 만물은 도를 존경하지 않는 것이 없고 덕을 귀중하게 여기지 않는 것이 없다.
도가 존경받고 덕이 귀한 까닭은 바로 그 누가 명령하지 않아도 항상 자연히 운행하기 때문이다.
그러므로 도가 만물을 낳고 덕이 만물을 기른다. 키우고 양육하고 성숙시키고 열매를 맺게 하며 부양하고 보호한다.
낳고도 소유하지 않고 하고도 오만하지 않으며 길러 주고도 주재하지 않는다. 이것을 현묘한 덕이라 한다.

※ 묘한 풀이

도는 만물을 형성하고 변화할 수 있으므로 자연히 만물을 기르는 자비 대애의 덕행도 나타낸다. "**도**가 낳고 덕이 기른" 후 자연히 가지각색의 만물을 형성한다. 생태환경은 또한 만물을 끊임없이 생장하고 번성하게 한다.

만물이 만물로 될 수 있음은 모두 "**도**가 낳고 덕이 양육"하기 때문이기에 만물은 자연히 하늘을 존중하고 땅을 공경하며 **도**를 존경하고 덕을 귀하게 여긴다. (부모에게 효도하는 것과 같다.)

만물을 형성하고 변화할 수 있어 가장 존경받는 **도**와 만물을 기를 수 있어 가장 고귀한 '덕'은 우리가 명령을 내리고 지배할 필요가 없이 자연히 대자연 법칙을 따라서 그대로 운행한다.

그러므로 **도**가 만물을 낳고 변화하며 '덕'이 만물을 기르는 이것이 바로 천지 부모가 만물을 형성하고 변화하며 양육하고 있는 구체적인 나타남이다.

천지 부모(**도**)가 만물을 낳아 기르는 특징과 특성은 만물과 중생을 낳아 키우지만 자기 것으로 만들려 하지 않고 만물을 성취 시키는 아주 많은 덕행이 있지만 추호의 오만함과 거만함이 없으며 만물을 키우지만 주재하지 않고 중생이 자유롭게 선택하고 발휘하게 한다.

이와 같이 무아 무사하고 주재 욕이 없는 위대한 인품과 덕성은 다만 "현묘한 덕"으로 형용할 수 있을 뿐이다.

제52장

삶과 죽음이라는 인생의 큰 문제를 깨달으면 마음이 평온하고 자유롭다

천하 만물은 시작되는 근원이 있는데 이 근원을 천하의 어머니라 한다. 이미 그 어머니를 알았으니 그 자식을 알 수 있고 그 자식을 알았으니 다시 돌아와 그 어머니를 지키면 죽을 때까지 위태롭지 않다. 소아(小我)로 밖의 세상과 접촉하지 않고 문을 닫으면 평생 힘들지 않고 소아(小我)로 밖의 세상과 접촉하고 바쁘게 보내면 평생 구제될 수 없다.

보잘것없고 작은 것에도 도가 존재함을 아는 것을 (도에) 밝다(明)고 하고 부드러움을 지키는 것을 강(强)하다고 한다. 그 빛을 사용하여 밝음(明)으로 복귀하면 몸에 재앙이 다가오지 않는다. 이것을 변하지 않는 것을 배운다(習常)고 한다.

※ 묘한 풀이

천지, 태양계는 시작되는 근원이 있다. **도**가 바로 천지, 태양계의 근원이며 또 천하 만물의 어머니라고 부를 수 있다.

현상계, 일체 만물이 모두 **도**에 의해 형성 변화된 것임을 알면 **도**

가 어머니이고 근원이며 현상계 일체 만물, 중생이 모두 **도**의 자식임을 알게 된다.

현상계 일체 만물, 당신과 나, 그를 포함하여 모두가 **도**의 자식임을 알면 천지 부모를 찾은 것이고 생명의 근원을 찾은 것이다. 천지 부모와 합쳐서 하나로 되면 생명은 안심하고 자유로우며 자연히 천지와 공존하여 불생불사의 세계에 융해되어 들어간다. (이른바 "득**도**하다"는 것이 바로 이와 같은 것이다.)

스스로 총명한 척하지 말고 소아(小我)의 협애(狹隘)한 감각 기관의 사유로 운행하지 않는다면 평생 끊임없이 혜택을 받을 수 있다. 만약 스스로 총명한 척하고 소아(小我)의 이기적이고 협애(狹隘)한 감각 기관으로 사유하고 운행하면 일생을 끊임없이 바삐 보내게 되고 또 바삐 보내다가 지쳐 죽는다.

눈앞의 한 송이 꽃, 한 포기 풀, 한 가지 물건의 작은 것에서 **도**가 어디에나 다 있음을 볼 수 있다면 이는 **도**에 밝은 사람이다. (장자(莊子)가 말하기를 **도**는 똥오줌 속에 있다.)

"유연하고 다투지 않는" 능력(功夫)을 실천할 수 있는 사람이야말로 진정한 강자다.

도를 본체로 하고 의거(依歸)로 삼아 생명의 희열과 신성함을 살려 생명을 빛나게 한다. 양심적으로 하늘의 **도**에 따라 행하고 남을 해치는 그 어떤 일을 하지 않으면 자연히 악한 업보가 없다.

이것은 **도**의 특징과 특성을 본받아 **도**를 체득하고 깨닫고 **도**를 행하는 구체적 표현이다.

제53장

어리석은(无明) 중생은
도의 반대 방향으로 나간다

나로 하여금 굳은 의지로 대도를 행하게 하는 원인은 오직 세간의 부정당한 행위를 두려워하기 때문이다.

대도(大道)는 매우 넓고 평탄하지만, 사람들은 오솔길을 좋아한다. 조정은 매우 부패하고 논밭은 심하게 황폐하며 창고는 텅텅 비었는데 화려한 비단옷을 입고 예리한 칼을 차며 음식에 싫증을 내고 재물을 가득 쌓아 놓는데 이는 큰 도둑이지 도가 아니로다!

※ 묘한 풀이

내가 확고하고 뚜렷한 깨달음(明覺)으로 대**도**를 행하는 원인은 세상 사람들이 늘 탈을 쓰고 암투를 벌이면서 부단히 명예와 이익을 추구하는 것을 보고 마음속에 두려움이 생겼기 때문이다.

도는 이렇게 좋다. "대**도**"는 비할 바 없이 넓고 평탄하며 안전한데 보통 사람들은 오히려 기이하고 구불구불한 오솔길과 사악한 길을 즐기니 어찌할 도리가 없구나.

조정은 부패하여 탐오가 심하고 논밭도 황폐하며 곡창도 텅텅 비어 있다. 하지만 허영을 즐기는 사람이 도처에 가득하다. 마음속은 공허하고 괴롭고 답답하지만 겉에는 화려한 옷을 입고 예리한 칼을 차고 다닌다. 많은 사람들은 배불리 먹지 못하지만, 어떤 사람은 너무 먹어서 음식에 질리게 될 정도다. 많은 사람들은 생활을 유지할 수 없지만 어떤 사람은 오히려 물품과 금은보화를 대량적으로 쌓아 둔다.

기본 생활의 수요가 아니라 허영을 즐기고 비교하며 사치하고 겉치레를 좋아하며 자원을 지나치게 소모하는 사람의 행위는 세상 자원에 대한 일종의 도둑 현상이라 할 수 있다. 이것은 **도**와 반대 방향으로 나가는 행위이다.

제54장

덕행이 천하를 적시여
자손만대를 행복하게 한다

(도를 얻은 사람이) 잘 세운 것(도)은 뽑히지 않고 잘 껴안은 것(도)은 벗어나(脫)지 않아 자손들은 제사를 그치지 않는다.
(도로써) 자신을 닦으면 그 덕이, 진실해지고 집안을 다스리던 그 덕이, 남음이 있게 되며 마을을 다스리면 그 덕이, 오래가고 나라를 다스리면 그 덕이, 풍성하며 천하를 다스리면 그 덕이, 골고루 넓게 퍼진다.
그러므로 내 자신으로 남을 관찰하고 내 집안으로 다른 집안을 관찰하며 내 마을로 다른 마을을 관찰하고 내가 있는 천하로 다른 천하를 관찰한다. 내가 어찌하여 천하가 그러함을 알 수 있겠는가? 바로 이 때문이다.

※ 묘한 풀이

진정으로 **도**를 체험하고 깨달은 사람은 자연히 **도**와 일체로 합일하여 어떤 경지(境界)의 시련(考驗)을 겪(經歷)든지 시종 **도**를 떠나지 않으며 다른 사람도 뽑아내지 못한다. 득**도**한 사람의 모든 행위는 청정

본심(**도**의 마음)에서 흘러나오므로 **도**처럼 무아무사하고 선을 행하며 덕을 쌓고 만물에 이익을 줄 뿐 만물과 다투지 않는다. 그 쌓은 음덕은 대대로 자손들에게 이익을 줄 수 있으므로 후대 자손들은 그에게 제사를 지내어 감사를 표시함을 영원히 그치지 않는다. 중국 진나라(秦國) 이빙과 그 사위가 건축(修築)한 도강연(都江堰)은 자손만대를 행복하게 하였다. 하여 이천여 년 후에도 백성들은 여전히 이왕묘(二王廟)를 세워놓고 제사를 지낸다.

도를 닦고 **도**를 행하는 사람이 만약 **도**의 정신 특징을 실천하여 자신을 정화(淨化)하고 개변한다면 그 사람이 닦은 **도**와 행한 덕이 진실함을 표시한다. 만약 그 덕행이 집안사람들에게 이익을 줄 수 있다면 그 덕이, 점점 증가함을 표시한다. 만약 그 덕행이 마을 백성들에게 이익을 줄 수 있다면 그 덕택이 점점 오래 감을 표시한다. 만약 그 덕행이 전국 백성들에게 이익을 줄수 있다면 그 덕이, 풍부함을 표시한다. 만약 그 덕행이 천하 사람들에게 이익을 줄 수 있다면 그 가없이 넓은 덕이 천하 창생들에게 보급될 수 있음을 표시한다. 《대학》: 청정한 심령 품질을 드러낸 후 그것을 바탕으로 천하를 위해 봉사한다. 《大學》: 明明德於天下

사람마다 다 같은 마음이고 마음마다 다 같은 원리이다. 만약 청정(淸淨)한 마음으로 자신을 똑똑하게 알 수 있다면 마찬가지로 다른 사람을 똑똑하게 알 수 있다. 자기 가정의 수요를 똑똑하게 알 수 있다면 타인의 가정 수요도 똑똑하게 알 수 있다. 자기 마을을 똑똑하게 알 수 있다면 기타 마을을 똑똑하게 알수 있다. 자기 나라의 수요를 명백히 관찰할 수 있다면 남의 마음을 헤아리는 마음으로 각 나라의 수요도 똑똑하게 알수 있다. 우리가 처하여 있는 천하로부터 깊이 관찰하면 더욱 광대한 천하를 알 수 있다. 내가 어찌하여 끝없는 우주의 진리와 생명의 실상을 깨달을 수 있는가? 바로 이 원리를 이용하여서이다.

도덕경

심령으로 읽다

제55장

갓난아기의 마음을 회복하여
순진하고 악한 마음이 없다

　두터운 덕을 품은 사람은 갓난아기에 비유된다. 독충이 물지 않고 맹수도 공격하지 않으며 사나운 새도 덮치지 않는다. 뼈는 약하고 근육은 부드럽지만, 주먹을 쥐는 힘은 강하다. 남녀 간의 교합을 모르지만 생식기가 발기하는 것은 정기가 매우 충만하기 때문이다. 하루 종일 울어도 목이 쉬지 않는 것은 음양이 매우 조화롭기 때문이다.
　조화로움을 아는 것을 변화 없는 것(常)이라 하고 변화 없음(常)을 아는 것을 밝다(明)고 한다. 삶을 유익하게 (益生) 사는 것을 일러서 상서롭다고 욕심으로 기를 부리는 것을 억지(強)라 한다. 사물이 일정한 정도로 성장하면 노쇠하기 마련인는데 너무 강대해지려는 것을 일러 도에 어긋난다고 한다. 도에 어긋나면 일찍 끝나버린다.

※ 묘한 풀이

　두툼한 덕행을 품은 사람은 마음이 여린 애같이 순진하고 귀여우며 천진하고 사악함이 없음으로 되돌아 간다. 갓난아기의 천진하고 거짓없는 마음으로 되돌아간다.

갓난아기, 어린이 시기의 천성은 제일 완전하기에 천진하고 사악함이 없고(純眞無邪) 이원대립이 없으며 증오하는 마음이(嗔心) 없는 상태에 처하여 있다. 천진하고 사악함이 없는 어린이 마음속에는 독사와 맹수의 관념이 없기에 무서워하지 않을 뿐만 아니라 그들에 대해 마찬가지로 신기해하고 우호적이며 또 다 같이 놀 수 있는 좋은 친구로 여긴다. 그러므로 독벌레는 그들을 쏘지 않고 사나운 들짐승은(猛獸) 그들을 물어뜯지 않으며 사나운 날짐승도(猛禽) 그들을 공격하지 않는다.

갓난아기의 근육과 뼈는 아직 아주 유약(柔弱) 하지만, 그들이 쥔 주먹은 아주 힘이 있다. 갓난아기는 남녀가 교합하는 일을 모르지만 그들의 생식기는 항상 아주 포만(飽滿)한데 이것은 그들의 정기가 왕성하기 때문이다. 갓난애가 자주 자지러지게 운다 해도 목이 쉬지 않는 것은 그들이 태극 음양(太極陰陽)이 매우 조화로운 상태에 처하여 있기 때문이다.

단독적인 물체(個體)로부터 만물, 대자연에 이르기까지 모두 음양이 조화롭고 만물이 서로 어울려 같이 존재하고 함께 번영한다. 만약 "조화로움"의 깊은 뜻을 깨달으면 우주의 변함없는 운행 법칙을 알게 된다. 우주의 변함없는 운행 법칙을 철저히 깨달은 사람이 바로 **도**에 밝은 사람이다.

조화로움의 진리를 알고 이 진리를 또한 양생 보건(養生保健)에 사용하면 꼭 상서롭다. (조화로움의 도리를 모르면 한쪽에 치으친다.)

일부러 의념(心念)으로 기(氣)를 인도(引導)하는 이것은 일종의 강요이고 억지이다(逞強).

만약 전체의 조화로움을 고려하지 못하고 단일 물종(物種)의 강대함만 강화하면 물종의 발전이 극에 달하여 반전하게 되고 쇠약(衰敗)함에로 나아간다. 왜냐하면 이것은 천지조화의 **도**를 어기기 때문이다. 천지조화의 **도**를 어기면 생태가 평형을 잃어 재난이 끊임없다.

도덕경

심령으로 읽다

제56장

세속과 흐름을 같이 하지만 물들지 않는다

(도를) 아는 사람은 (도를) 논쟁하지 않고 (도를) 논쟁을 하는 사람은 (도를) 알지 못한다.
(자아自我의) 구멍을 막고 문을 닫으며 예리한 것을 무디게 하고 혼잡한 것을 풀며 빛을 감추고 속세와 함께 하는 것을 도와의 현묘한 합일이라 한다. 그러므로 (도를) 친근해질 수 없고 멀어질 수 없으며 이익을 얻을 수 없고 해를 입을 수 없으며 귀하게 할 수 없고 천하게 할 수 없다. 그러므로 천하에서 가장 귀한 것이 된다.

※ 묘한 풀이

진정으로 **도**에 명백한 사람은 사람들과 **도**는 무엇인가를 논쟁하기 좋아하지 않는다. **도**는 무엇인가를 논쟁하기 좋아하는 사람은 아직 **도**가 무엇인지 모름을 표시한다.

진정으로 **도**에 명백하고 **도**와 합일한 사람은 선천적인 순진한 심령으로 회귀한 것이다. 모든 말과 행위는 모두 청정(清淨)한 심령으로부터 흘러나온 것이지 일반 사람들이 자아로, 감각기관으로 운행하는 것과 다르다. (감각 기관은 물질체이고 심령은 비물질이다.)

그러므로 자아의식으로 사유함을 멈추고 과거의 눈으로만 보고 귀로만 듣는 문을 닫는다. (심령으로 보고 심령으로 듣는다.) 자기를 내세우기 좋아하는 예기(銳氣)를 꺾(挫掉)고 무슨 일이나 복잡한 것을 간단하게 만든다.

단순함과 자연스러운 상태로 돌아가기를(回歸) 좋아하고 자아를 내세우려 하지 않으므로 빛을 거두어들이고 세속과 함께하되 물들지 않는다. 현묘한 "빛을 감추고 속세와 함께하는 것"을 나타내어 평범하고 소박하며 수수한 진인(真人, 진정한 인간)으로 된다.

도에 밝은 (천지와 합일한) 사람은 태양과 산하대지(山河大地)와 같다. 우리들이 태양을 우리와 더 친밀해지도록 할 수 있는가? 태양을 우리와 멀어지게 할 수 있는가? 우리가 태양에 대해 더욱 많은 이익이 있을 수 있는가? 우리가 태양을 손상(傷害)시킬 수 있는가? 태양을 더욱 고귀하게 변화시킬 수 있는가? 태양을 아주 비천하게 변화시킬 수 있는가? 답안은 여러분들이 모두 안다.

도에 밝고 **도**를 깨달은 사람은 아무것도 부족하지 않기에 세속의 명리와 권세, 좋고 나쁜 평가에 의해 흔들리지 않는다. 이것은 지구상에서 얼마나 귀중한 심령 품질인가!

제57장

틀이 많을수록 사회가 더욱 혼란하다.

바른 것으로 나라를 다스리고 기묘함으로 군사를 움직이며 인위적으로 일을 도모하지 말아야 천하를 얻을 수 있다. 내가 어떻게 그러함을 아는가? 그것은 천하에 금지하고 꺼리는 것이 많을수록 백성들은 점점 가난해지고 조정에 권모술수가 많을수록 나라는 더욱 혼란해지며 사람들에게 기묘한 수단이 많을수록 기괴한 물건이 나타나고 법령이 많을수록 도적이 더욱 많아지기 때문이다.

그러므로 성인은 이렇게 말한다. "내가 무위하면 백성들은 자연히 변화 발전하고 내가 고요함을 좋아하면 백성들은 자연히 바르게 되며 내가 방해하지 않으면 백성들은 자연히 부유해지고 내가 욕망이 없으면 백성들은 자연히 순박해진다."

※ 묘한 풀이

나라를 다스리려면 공명정대하고 올바른 법칙을 중히 여겨야 하고 군사를 쓸 때 기묘한 전략으로 승리하는 것을 중히 여긴다. 만약 천하를 감화하려면 "세상에 본래 일이 없다"는 도리를 알고 하늘의 **도**에 따라 하여야 만이 천하 민심을 얻을 수 있다. (무력과 법령은 단지 마지못해 사용할 뿐이지 천하의 다스림은 덕행으로 하여야 한다.)

내가 어찌하여 이런 원리를 알 수 있는가? 사회의 질서가 없는 혼란한 상태가 어떻게 왔는가를 보자. 사회가 만약 각종 미신, 금지하고 꺼리는 것으로 가득차게 되면 백성들은 각종 미신과 금지하고 꺼리는 것에 얽매여 감히 대담하게 정상적으로 생활하고 일하지 못하므로 더욱 빈곤해진다.

조정 상하 문무백관들이 만약 계속해서 책략을 부리고 아귀다툼한다면 나라는 정치가 어두워지고 혼란해지며 위기에 빠진다.
세상 기풍이 만약 각종 인위적인 교묘함과 기술을 숭배한다면 각종 천지의 **도**를 어기는 기괴하고 부정한 물건이 자란다. 법령 조문이 많고 가혹할수록 방법을 세워 법률의 빈틈을 파고드는 현상이 더 많아지고 도적도 더욱 많아진다.

덕행이 있는 성인은 "천하에 본래 일이 없는데 보통 사람은 스스로 문제를 야기시킨다"는 것을 잘 알기 때문에 이렇게 말한다. "내가 그런 인위적인 방법으로 관리할 필요가 없으니, 인민들이 자동적으로 양육되고 내가 고요함을 좋아하면 인민들도 점점 단정해지며 내가 백성들을 존중하여 강한 권세(强勢)로 방해하지 않으니, 인민들이 자연히 점점 부유해지고 내가 세상과 다투지 않고 꾀를 부리지 않으며 암투를 벌리지 않으니, 백성들은 자연히 순박함으로 되돌아간다."

(만약 대'**도**'가 천하에 널리 퍼지면 사람마다 자연히 양심, 애심, 책임심을 굳게 지키므로 백성들은 저절로 변화되고 바르게 되며 부유해

지고 순수해진다. 이는 엄격한 법령과 규정으로써 실현할 수 있는 것이 아니다.)

도덕경

심령으로 읽다

제58장

편면적으로 논단을 내리지 말고
논리적인 편협한 관점을 초월해야 한다

정치가 너그럽고 후하면 백성들은 순박해지고 정치가 난폭하고 가혹하면 백성들은 냉담해진다.
재앙 옆에 행운이 의존하고 행운 속에 재앙이 숨어 있는데 누가 그 한도(界限)를 알겠는가? 고정된 기준이 없다. 정상적인 것이 또다시 기이한 것이 될 수 있고 선한 것이 또다시 요사한 것으로 될 수 있다. 사람들이 이 도리를 모르고 미혹된지 아주 오래되었다.
그러므로 성인은 마음이 바르지만, 선명히 가르지 않고 청렴하지만 청렴함으로 남에게 상처를 입히지 않으며 정직하지만 정직함으로 남을 찌르지 않고 빛나지만 눈부시지 않다.

※ 묘한 풀이

한 군주의 정치를 실시하는(施政) 풍격이 정직하고 무던하며 법령이 너그럽고 후하면 백성들은 자연히 돈후(敦厚)하고 온순함을 나타낸다. 한 군주의 정치를 실시하는 풍격이 난폭하고 법령이 가혹하면 백성들은 냉담하고 인정이 각박함(人情淡薄)을 나타낸다.

겉으로 보기에는 재앙이지만 만약 지혜와 사랑의 마음으로 직면하면 보통 나쁜 일이 다시 좋은 일로 변하고 겉으로 보기에는 좋은 일이지만 만약 거만하며 스스로 대단하게 여기고 자만하여 자신의 처지를 잊으면 보통 좋은 일이 다시 나쁜 일로 변한다. 복인지 화인지 도대체 하나의 절대적으로 표준이 변하지 않는 확정된 한계가 있는가 없는가? 절대적인 계선은 없다. (낮과 밤은 서로 바뀌는데 그 사이에 절대적인 계선이 있는가?)

세간과 세속의 일체 사람이나 사물은 모두 유동하고 변화한다는 것을 알아야 한다. 좋은 일이 나쁘게 변하고 나쁜 일도 좋게 변하며 좋은 사람도 나쁘게 변할 수 있고 나쁜 사람도 좋게 변할 수 있다. 세상 사람들이 미혹되고 집착하여 이 무상(無常) 변화의 도리를 모른지 이미 오래되었다.

덕행이 있는 성인은 절대적인 복이 없고 절대적인 화가 없으며 절대적인 좋은 사람이 없고 절대적인 나쁜 사람이 없음을 안다. 그러므로 마음은 단정하지만 "화와 복, 좋고 나쁨"을 확연히 자르지 않고 마음은 청렴결백하지만, 자신의 청렴결백으로 다른 사람을 다치게 하지 않으며 마음은 정직하지만 남을 찔러 상처를 입히지 않는다. 생명은 자연히 빛이 반짝이지만 빛을 거두어들이고 뽐내지 않는다.

제59장

근검하고 덕을 쌓으면 나라의 운세가 흥성한다.

사람을 다스리고 하늘을 섬기는 데 있어서 아끼는 것보다 중요한 것이 없다.
오직 아끼는 것만이 하루빨리 도에 순종하기 위함이다. 하루빨리 도에 순종하는 것을 부단히 덕을 쌓는 것이라고 말한다. 부단히 덕을 쌓으면 극복하지 못할 것이 없다. 극복하지 못할 것이 없으면 그 힘의 한계를 알 수 없다. 그 힘의 한계를 알 수 없으므로 나라의 중요한 책임을 맡을 수 있다. 나라를 지키고 다스리는 이 도리를 장악하면 오랫동안 유지할 수 있다. 이것이 바로 뿌리가 깊고 튼튼하면 오래도록 존재하는 이치이다.

※ 묘한 풀이

백성을 다스리거나 천지에 제사를 지내거나를 막론 하고 근면하고 아끼는 정신을 제창하는 것이 제일 중요하다. 근면하고 아끼는 것을 제창할 수 있는 사람은 천지 부모가 만물을 생성하고 키우고 자녀를 기르는 크나큰 은혜와 드넓은 덕을 알기 때문이다. 천지 부모에 신하로 복종(臣服)하므로 천지 부모를 본받아 묵묵히 중생을 위해 봉사한다.

무아무사로 묵묵히 중생을 위해 봉사하므로 끊임없이 많은 음덕을 쌓는다. 끊임없이 많은 음덕을 쌓으므로 그 음덕의 보호를 받는 사람이 점점 많아지고 그와 성대한 업적을 함께 이루기를 바라는 인력, 자원도 점점 많아져 한 갈래의 매우 강대한 힘을 형성한다. 이 거대한 힘으로 많은 일을 성취할 수 있다. 그 영향력이 얼마나 큰지에 관해서는 한계(限量)를 알 수 없다. 두터운 음덕을 쌓을 수 있는 사람은 자연히 민심을 크게 얻게 되므로 나라의 중대한 책임과 큰 임무를 부여받을 수 있다.

이런 두터운 덕이 있는 현명한 임금은 근면과 아낌을 제창하므로 나라의 풍부한 자원을 보유한다. 사람마다 근면하고 아끼며 진귀한 자원을 낭비하지 않으면 이 나라는 오랫동안 평안함을 유지할 수 있다. 이것이 바로 국가기초를 단단히 다지면 세운 나라가 오랜 세월 갈 수 있는 길이고 또한 개인의 양생, 보건, 장수의 길이다.

제60장

대도가 널리 퍼지면 천하가 태평하다

큰 나라를 다스리는 것은 마치 작은 물고기를 요리(烹)하는 것과 같다.
도로써 천하를 다스리면 귀신이 해를 끼치지 않는다. 귀신이 해를 끼치지 않을 뿐만 아니라 신령도 사람을 해치지 않는다. 신령이 사람을 해치지 않을 뿐만 아니라 성인 역시 사람을 해치지 않는다. 양쪽이 서로 해치지 않으므로 덕이 서로에게 돌아간다.

※ 묘한 풀이

큰 나라를 다스리는 것은 마치 작은 물고기를 요리하는 것과 같다. 작은 물고기를 요리할 때 만약 자주 뒤집으면 작은 물고기는 부서진다. 큰 나라를 다스림에서 만약 늘 이랬다저랬다 하면 쉽게 천하에 신용을 잃어 나라를 혼란하게 만든다.

도로 천하 백성을 교육하고 감화(教化)하여 **도**에 대한 인식이 전면적으로 보급되면 사회에는 이르는 곳마다 상서로운 기운이 가득 차므로 귀신들이 해를 끼치지 않는다. 귀신들이 해를 끼치지 않을 뿐만 아니라 신령들도 사람을 해치지 않는다. 각지의 신선들이 사람을 해치지 않을 뿐만 아니라 성인도 사람을 해치지 않는다.

도의 정신적 특징이 바로 모든 이원적 대립을 초월하고 모든 중생을 평등하게 사랑하는 것이다. 세상 사람들이 **도**를 깊이 연구하여 생명의 실상을 이해한 후 우리는 모두 생명공동체라는 것을 깨달았기에 모순이 있는 양측은 서로 해치지 않으며 평화롭고 조화롭고 공존하며 함께 번영할 수 있다. 모든 사람들은 고상한 인품과 덕성으로 서로를 대한다.

도덕경
심령으로 읽다

제61장

큰 나라가 아래에 처하면 천하가 귀순한다.

큰 나라가 자신을 낮추면 천하가 귀순한다. 천하의 암성(牝)은 항상 고요함으로 양성(牡)을 이기고 고요함을 근본으로 삼는다.

그러므로 큰 나라가 자신을 낮추어 작은 나라를 대하면 작은 나라들이 모여들 수 있고 작은 나라가 자신을 낮추어 큰 나라를 존대하면 큰 나라의 신임을 얻을 수 있다. 그러므로 자신을 낮춤으로써 모여들게 되고 자신을 낮추어 신임을 얻는다. 큰 나라는 작은 나라를 품어주려는 것에 불과하고 작은 나라는 큰 나라를 섬기려는 것에 불과하다. 무릇 양자가 모두 자신이 바라는 것을 얻으려 할 때 큰 나라가 자신을 낮추는 것이 적합하다.

※ 묘한 풀이

장강과 황하 하류의 수역 면적과 물 유량이 모두 상류와 중류보다 몇 배나 더 많다. 왜냐하면 위치가 낮기 때문이다.

대국이 만약 겸손하고 포용하는 덕이 있으면 사면 팔방의 인재와 자원이 모두 모여들 것이다.

천하의 자성, 모성은 표면상에서 보면 비록 웅성처럼 그렇게 강건하고 힘세지 않지만, 자성은 늘 유순함으로 강건함을 이기고 고요함으로 움직임을 제압하며 조급함을 이긴다.

그러므로 대국이 만약 겸허하고 아래에 처하여 소국을 우대할 수 있다면 소국의 호감을 얻을 수 있게 되고 여러 소국은 가까이 가기를 좋아한다. 소국이 만약 겸허하고 아래에 처하여 대국을 존경할 수 있다면 반드시 대국의 신임과 다정한 대우를 받는다.

대국이 겸허하고 아래에 처하면 사면팔방에서 모여와 동맹에 가입(加盟)할 수 있게 되고 기백이 넘치는 대국의 넓은 도량으로 천하 각국을 포용하고 품어준다. 소국이 겸허하게 아래에 처하면 대국으로 하여금 다정한 감을 느끼게 하여 서로 존중한다.

대국이 소국을 침략하지 않고 소국이 무례한 짓을 하지 않으며 서로 신용을 지키는 기초 상에서 평화롭고, 공존공영하여 각자는 자신이 바라는 것을 얻는다.

대국이 겸허하고 아래에 처하는 풍채와 도량이 있어야만 사면 팔방의 지지를 받을 수 있다. (대국이 만약 강세와 포악무도(霸道)함, 침략성을 나타내면 멸망과 멀지 않다.)

제62장

명예와 이익을 위하여 양심을 속이지 않는다

도는 만물의 심오한 부분이다. 선한 사람에게 보배이고 선하지 않은 사람도 보호받는다.

득도한 자의 말은 존경받을 수 있고 그의 덕행은 사람들에게 혜택을 줄 수 있다. 사람이 선하지 않다고 해서 어찌 도가 버릴 수 있겠는가? 그러므로 천자를 세우고 삼정승을 설치하여 비록 진귀한 보물이 있고 네 필 말이 끄는 수레를 타고 다녀도 이 도에 잠겨 있는 것만 못하다.

옛날에 이 도를 진귀하게 여기는 까닭은 무엇인가? 원하면 얻을 수 있고 죄가 있어도 용서되기 때문이 아니겠는가? 그러므로 천하에서 가장 존귀한 것이다.

※ 묘한 풀이

도는 모든 생명체 그리고 만물의 기본이고 총 근원이다.

도는 모든 선량한 사람의 생명 중에서 제일 진귀한 보배이다. 설령 선량하지 않은 사람이라도 천지 부모(**도**)는 여전히 자비로써 그를 애호하고 보호한다.

도를 터득하고 **도**에 밝은 사람은 지혜가 가득찬 언어를 자연스럽게 드러내므로 세상 사람들이 이해한 후 자연히 그를 존경한다. 득**도**한 사람의 덕행은 세상 사람들에 대해 모두 점수를 추가하는 작용을 한다.

덕행이 있는 사람은 그 마음이 **도**와 같아 포함하지 않은 것이 없고 용납하지 못하는 것이 없다. 그러므로 선량하지 않은 사람이라도 여전히 그를 포용하고 그 어떤 사람도 포기하지 않는다. (태양, 대지가 모두 이렇게 나타(示現)낸다.)

어느 날 가능하게 높은 직위, 후한 대우, 부귀영화가 대량으로 나타나거나 혹은 정부가 높은 격조(格調)로 접대하고 예의로 대하여도 덕행이 있는 사람은 "명예와 이익은 나에게 뜬구름과 같다"는 도리를 깨달았기에 여전히 **도**에 잠겨 있는 것을 선택하고 천지와 합일하여 애초의 순수함과 순박함으로 돌아가는 보통 사람으로 된다.

고대 성현들이 이 **도**를 특별히 중시하고 아끼는 이유는 무엇인가? 바로 발사하는 마음이 순수하고 진심으로 **도**에 기원하면 요구하는 대로 다 들어주고 만약 잘못을 저지르거나 죄가 있어도 천지 부모는 우리를 너그러이 용서하고 양해해주어 우리로 하여금 다시 시작할 수 있게 하기 때문이다.

도는 포함하지 않은 것이 없고 용납하지 않는 것이 없으며 자비대애로 일체중생을 선하게 대하므로 천하에서 가장 존귀한 것이다.

제63장

덕으로 원한을 갚고 조화롭게 공존한다

행하지 않으려고 행하고 일하지 않으려고 일하며 맛에 집착하지 않으려고 맛본다.
크든 작든, 많든 적든 원한을 덕으로 갚는다. 어려운 일을 도모하려면 쉬운 곳으로부터 시작하고 큰일을 하려면 사소한 일로부터 시작해야 한다. 천하의 어려운 일은 반드시 쉬운 곳으로부터 시작해야 하고 천하의 큰일은 반드시 사소한 일로부터 시작해야 한다. 그러므로 성인은 언제나 스스로 크다고 여기지 않으므로 큰일을 이룰 수 있다. 무릇 쉽게 승낙하면 반드시 신용을 잘 지키지 않게 되고 무슨 일이나 쉽게 생각하면 반드시 많은 어려움을 겪게 된다. 그러므로 성인은 언제나 모든 일을 중시하므로 결국 어려운 일이 없게 되는 것이다.

※ 묘한 풀이

돈을 버는 것은 하루빨리 돈을 벌 필요가 없기 위해서이다. (기본적인 생활에서 쓸 것이 충분하면 된다.) 일을 하는 것은 하루빨리 일을 할 필요가 없이 한가롭게 생활할 수 있기 위해서이다. 일을 처리하는 것은 하루빨리 일이 없이 유쾌히 인생을 즐길 수 있기 위해서이다. 밥을 먹는 것은 배불리 먹기 위해서이므로 끝없이 욕심을 부리지 말고 한평생 세끼를 위하여 바삐 돌지 말아야 한다.

행복하고 즐거운 인생을 얻으려면 실은 매우 간단한데 마음을 열고 일이 크든 작든, 많든 적든지를 물론 하고 자비대애로 포용하는 것이다. 설령 다른 사람이 우리에게 상처를 입혀도 여전히 자비대애로 대한다. 덕으로 사람을 감동시키고 덕으로 사람을 교육하고 감화시킨다. (우주에서 제일 큰 힘은 자비대애이다.)

어려운 일은 쉽게 손을 댈 수 있는 각도에서부터 시작해야 한다. 큰일을 하려면 반드시 눈앞의 사소한 일로부터 손을 대야 한다. 천하의 어려운 일을 처리하려면 반드시 쉽게 손을 댈 수 있고 또 효과를 볼 수 있는 각도에서부터 시작해야 한다. 천하의 큰일을 완성하려면 역시 반드시 눈앞의 사소한 일로부터 손을 대야 한다.

그러므로 덕행이 있는 성인은 비현실적인 이상만을 추구하지 않고 건방지고 잘난 체하지 않는다. 실제 입각하여 한 걸음 한 발자국씩 눈앞의 일을 잘 처리한다. 착실하고 기초가 든든하므로 끝끝내 큰일을 이룰 수 있다.

허풍을 부리고 쉽게 승낙하기를 좋아하는 그런 사람은 종종 신용을 지키지 않는 사람이다. 무슨 일이나 대수롭지 않게 여기고 빈둥거리는 그런 사람은 그 인생의 길이 필연코 가면 갈수록 더 힘들다.

그러므로 덕행이 있는 성인은 심혈을 기울여 유동 변화하는 매 순간을(当下) 소중히 대하고 매 과정을 중시하며 지혜로 눈앞의 일을 잘 처리하므로 그 인생은 아무런 근심이 없고 어려운 일이 없다.

제64장

큰 곳에 착안(着眼)점을 두고
작은 일부터 착수(着手)한다

편안할 때 유지하기가 쉽고 징조가 나타나기 전에 도모하기 쉬우며 연약할 때 분해시키기 쉽고 미세할 때 흩뜨리기 쉽다. 그러므로 발생하기 전에 처리하고 혼란해지기 전에 다스린다.

아름드리 나무(合抱之木)도 털끝만 한 것에서부터 자라났고 구 층 높은 누각도 한 줌 한 줌의 흙이 쌓여서 세워지며 천 리 길도 한 걸음부터 시작된다.

유위로 하는 자는 실패하고 집착하는 자는 잃게 된다. 그러므로 성인은 무위로써 행하기에 실패하지 않고 집착하지 않기에 잃지 않는다.

보통 사람들이 하는 일은 항상 거의 성공할 무렵에 실패한다. 끝맺음을 시작할 때처럼 신중히 한다면 실패가 없을 것이다.

그러므로 성인은 사람들이 탐욕심이 없기를 바라고 얻기 어려운 물건을 귀하게 여기지 않게 하며 사람들이 배우지 않는 것을 배우게 하고 잘못을 고쳐준다. 사람들을 도와 만물이 자연스럽게 발전하게 하며 함부로 유위로 간섭하지 않게 한다.

※ 묘한 풀이

사람이 만약 안심한 상황에 처해 있으면 쉽게 건강한 상태를 유지한다. 질병이 뚜렷한 징조가 나타나기 전에 처리하기 쉽고 바이러스(病毒)가 아직 아주 취약할 때 와해시키기 쉬우며 종양이 아직 미세할 때 풀어 버리기 쉽다. 훌륭한 의사는 걸리기 전의 병을 치료하고 평소에 양생의 **도**를 주의하는 것이야말로 진정한 건강관리의 **도**이다. 만약 질병이 있으면 빨리 풀어 버릴수록 더욱 좋다. 작게는 개인이 사람과 관계를 맺고 일을 처리하는 것, 몸과 마음을 잘 챙기는 것, 크게는 나라를 다스리는 것이 모두 이런 이유와 같다.

줄기가 커서 몇 아름이나 되는 큰 나무라도 어린 묘목으로부터 시작하여 자라고 구 층 높은 건물도 벽돌 한 장, 기와 한 장이 쌓이고 쌓여서 이루어진 것이다. 천 리 길의 중대한 공훈과 업적을 완성하려면 역시 눈앞의 한 걸음 한 발자국에서부터 실제에 입각하여 실행해야 한다. (사람은 실제적이어야 하고 비현실적인 이상을 추구하지 말아야 한다. 말을 많이 하기보다 조금이라도 실행하는 것이 낫다.)

자아의 오만으로 함부로 나쁜 일을 하면 필연코 실패를 초래하고 자아로 잡고 장악하여 통제하려고 생각하면 오히려 더욱 많은 것을 잃게 된다. (동반자를 단단히 잡으려고 시도할수록 오히려 더욱 쉽게 동반자를 잃는다.)

지혜가 있는 성인은 자아로써 제멋대로 나쁜 짓을 하지 않으므로 실패하지 않게 되고 집착하고 장악하여 통제하려 하지 않기에 도리어 아무것도 잃지 않는다.

  보통 사람들은 일할 때 늘 성공에 접근하기 전에 꾸준한 마음이 부족기 때문에 실패한다. 만약 아주 의의가 있고 또 아주 재미있는 한 항목의 일을 선택하고 결정하여 꾸준히 의력이 있게 견지해 나간다면 필연코 성공으로 나아갈 것이다.

  덕행이 있는 성인이 적극적으로 따뜻하고 알맞는 교육하여 감화(教化)시키는 사업을 하는 것은 백성들을 인도하여 탐욕이 없고 생명을 낭비하여 몸 밖의 금은보화를 추구하지 않게 하기 위해서이다. 세상 사람을 인도하여 열심히 **도**를 따라 배워서 하루빨리 묘한 지혜를 열어 평생토록 찾고 또 찾을 필요가 없게 하기 위해서이다. 세상 사람을 협조하여 원래 과거에 배운 것은 자아를 강화하는 것이고 이기적인 소아로 운행함은 그릇된 것이며 **도**에 어긋나는 행위임을 하루 빨리 깨닫게 하는 것이다. 백성을 인도하여 대자연을 스승으로 모시고 하늘의 **도**를 따르는 생활을 하지 다시는 이기적인 소아로 제멋대로 나쁜 짓을 하지 않고 사회를 해치지 않으며 자손을 해치지 않게 한다.

제65장

민심이 순박하면 사회가 안정된다

옛날에 도로써 나라를 다스리는 사람은 백성을 총명하고 기민하게 하는 것이 아니라 순박하고 무던하도록 인도하였다.
백성들을 다스리기 어려운 까닭은 그들에게 세속의 소총명이 많기 때문이다. 그러므로 세속의 소총명으로써 나라를 다스리는 것은 나라의 재앙이고 세속의 소총명으로써 나라를 다스리지 않는 것은 나라의 복이다.
이 두 가지를 아는 것이 또한 나라를 다스리는 법칙을 아는 것이다. 언제나 이 법칙을 알고 실행하는 것을 현묘한 덕이라 한다. 현묘한 덕은 심오하고 원대하며 상식적인 도리와는 정반대이다! 하지만 그에 따르면 모든 일이 순조롭게 잘된다.

※ 묘한 풀이

고대에 덕행이 있는 현군이 백성을 교육하고 감화하는 것은 주로 백성들이 많은 지견(知見), 기교(技巧)를 배워서 아주 소총명해지도록 하는 것이 아니다. 실행하는 정책의 주요 인도 방향은 백성들을 순박하고 무던함으로 되돌아 가게 하는 것이다.

백성을 다스리기 어려운 원인은 그들이 많은 지견과 기교를 배워서 세속의 소총명을 부리고 아귀다툼하며 책략을 부리기 때문이다. (기술(術)이 있고 **도**가 없으면 그 기술이 쉽게 사악(邪)한 일을 하는데 쓰인다.) 지도자가 만약 세속의 소총명과 자아의 지략으로써 나라를 다스리면 나라를 해치게 될 것이고 백성들도 순박함을 잃어 사회 기풍이 날로 나빠지게 된다. 지도자가 만약 양심, 덕행, 신용으로써 나라를 다스리면 온 나라를 행복하게 할 수 있다.

"지략으로써 나라를 다스리면" 사회의 혼란을 초래할 것이고 "지략으로써 나라를 다스리지 않으면" 사회는 화목하고 흥성해질 것이다. 이것은 나라를 혼란하게 하거나 또는 조화롭게 하는 법칙이다.

집권자가 만약 사회가 혼란해지는 원인과 조화롭게 되는 **도**를 깨달으면 자연히 **도**로써 백성을 교육하여 감화한다. **도**로써 백성을 교육하여 감화하면 현묘한 덕을 쌓는다. **도**, 미덕으로부터 출발하여 쌓은 음덕은 아주 심오하고 대단히 현묘하다.

이런 사유와 이끄는 방향은 세속 사람들의 인지(認知)와 이끄는 방향과 180도 정반대이다. 비록 세인들의 인지와 반대되지만, 이것이야말로 참으로 하늘의 **도**에 순응하는 행동이다.

도로써 천하를 교육하여 감화하여 민풍이 순박하고 무던하여야만 사회가 진정으로 조화로울 수 있다. 민심이 상서롭고 화목하면 자연히 비바람이 순조롭고 나라가 태평하며 국민의 생활이 평안하고 나아가서 천하의 모든 일이 순리롭다.

제66장

강과 바다가 낮은 곳에 있기에
모든 하천이 모인다

강과 바다가 모든 계곡 냇물의 왕이 될 수 있는 것은 낮은 위치에 있기 좋아하기 때문에 모든 계곡 냇물의 왕이 될 수 있는 것이다.
그러므로 성인이 백성들을 교육하여 감화시키려면 반드시 말로 자신을 낮추고 백성들을 인도하려면 반드시 자신을 뒤로해야 한다. 그러므로 성인은 우에 있어도 백성들은 압력을 느끼지 않고 앞에서 인도해도 백성들은 해를 받지 않는다. 그래서 온 천하가 기꺼이 추대하고 싫어하지 않는다. 성인은 다투지 않으므로 천하에서 그와 다툴 자가 없다.
세상 사람들이 모두 말하기를 내가 말하는 도가 너무 크고 깊어서 이해하기가 어렵다고 한다. 너무 크고 깊기 때문에 이해하기 어려운 것이다. 만약 쉽게 이해할 수 있다면 오래전에 이미 보잘것없는 것이 되었을 것이다.

※ 묘한 풀이

무엇 때문에 모든 골짜기와 수많은 하천의 물이 모두 큰 강과 바다로 모여드는가? 그것은 큰 강과 바다가 모두 낮은 위치에 처하여 있기 때문에 모든 골짜기 수많은 하천의 왕이 될 수 있는 것이다.

덕행이 있는 성인은 대자연을 스승으로 모시고 따라 배워 마음의 문을 활짝 열고 포용하며 유연하고 아래에 처하는 인생의 묘한 철학을 체득하였다.

그러므로 만약 백성을 교육시켜 감화(教化)하려면 언어나 행위를 모두 허심하게 낮추어야 하고 만약 백성을 인도하려면 반드시 뒤에서 고 디딤돌이 되어 모든 사람들을 성취시키는 것을 배워야 한다.

그러므로 덕행이 있는 성인이 가장 존귀한 높은 자리에 있지만 백성들은 위력과 권세의 압력을 느끼지 않는다. 앞에서 백성들을 인도하여 풍기를 바로 잡아도 인민들은 해를 받지 않는다. 그러므로 천하 백성들이 모두 기꺼이 덕행이 있는 현군을 추대하고 옹호하여 이끌고 나가게 한다.

줄 곳 위세를 부리지 않고 다른 사람과 다투지 않으므로 천하에 그와 다툴 수 있는 자가 없다. (다만 자기 생명의 주인이 되고 양심에 의거하여 하늘의 **도**에 따라 행하고 하되 다투지 않는 이와 같을 뿐이다.)

천하 사람들이 모두 말하기를 내가 강의하는 **도**는 너무 넓고 크며 심오하여 그다지 이해하기 쉽지 않고 실행하기도 쉽지 않다고 한다. 아, **도**가 정말로 너무 위대하고 아주 심오하기 때문에 그다지 이해하기 쉽지 않다. 만약 그렇게 쉽게 이해하고 쉽게 실천할 수 있다면 **도**는 따라 배울 가치가 없는 것이다.

도덕경

심령으로 읽다

제67장

처세의 세 가지 보물: 자비, 검소, 다투지 않음

나에게 세 가지 보물이 있는데 그들을 지키고 보전하고 있다. 첫째는 자비로움이고 둘째는 검소함이며 셋째는 천하 사람들과 다투지 않는 것이다. 자비롭기 때문에 용감할 수 있고 검소하기 때문에 많은 사람들에게 이익을 줄 수 있고 천하 사람들과 다투지 않기 때문에 남들보다 뛰어난 성과를 거둘 수 있다.

요즘 사람들이 자비를 버리고 용감하기를 바라거나 검소함을 버리고 많은 이익을 바라거나 허심함을 버리고 앞장만 서려고 하는데 이것은 죽음의 길이다!

무릇 자비로움을 지니고 싸우면 이기고 지키면 견고하다. 하늘이 구해주고 자비로움이 지켜준다.

※ 묘한 풀이

나에게 세 가지 보물이 있는데, 항상 사용하여 인생의 좌우명으로 삼는다. 첫째는 자비로움이고 둘째는 검소함이며 셋째는 감히 천하의 앞에 나서지 않는 것이다. (세상 사람들과 뒤질세라 앞을 다투지 않고 다만 자기 생명의 주인이 된다.)

자비대애이고 마음속에 적이 없으므로 용감하게 앞으로 나아갈 수 있다.

절약하고 복을 아끼면 자연히 자원이 풍부해지므로 천하 창생들에게 많은 이익을 줄 수 있다.

다른 사람들과 다투지 않고 남들과 빼앗기를 하지 않으며 자기 생명의 주인이 되어 자신의 절주에 따라 나아가야만 남보다 뛰어난 성과가 있을 수 있다. (남을 이기려고 애쓰고 다투어 빼앗으면 도리어 더욱 많은 생명의 에너지와 자원을 헛되이 소모하고 또 많은 적을 만들게 된다.)

오늘날 세계의 민심이 어떠한가를 볼까?

자비대애를 버리고 이기려고 애쓰며 다투어 빼앗는 표면의 용맹을 줄곧 강조한다.

근검의 미덕을 버리고 부단히 사치하고 실속 없이 겉만 화려하며 낭비하는 것을 선동한다.

겸허하고 아래에 처함을 버리고 앞을 다투고 일위를 쟁취해야 한다고 줄곧 강조한다.

사회 풍기가 날로 나빠져 민심이 흉악하고 투쟁하며 사치를 하는데 사회가 어떻게 상서롭고 화목하겠는가? 세계가 어떻게 평화롭겠는가? 인류가 만약 각성하지 못하고 또 투쟁하고 대립하고 사치를 하며 낭비해 나간다면 최후의 결과가 어떻겠는가? ―죽는 길뿐이다!

"자비대애"의 풍기를 널리 보급하면 민심이 상서롭고 화목해지고 사회를 안정시킬 수 있다. 폭력주의를 없애고 국제 충돌과 대립을 풀자면 제일 효과적인 상책은 자비대애이다. 사람이 만약 자비대애로 일체중생을 선하게 대하고 광범히 좋은 인연을 맺으면 어느날 만약 재난이 발생하여도 심어 놓은 좋은 인연이 되돌아와서 그를 구해주고 보호한다.

도덕경

심령으로 읽다

제68장

덕으로 사람들을 따르게 하여 천지와 어울린다

훌륭한 장수는 무력을 쓰지 않고 싸움을 잘하는 자는 화를 내지 않으며 적을 잘 이기는 자는 정면으로 적과 맞서 싸우지 않고 사람을 잘 쓰는 자는 자신을 낮춘다. 이를 일러 남과 다투지 않는 굼덕이라 하고 이를 일러 사람을 잘 쓰는 힘이라 하며 이를 일러 하늘의 도에 부합되는 최고의 법칙이라 한다.

※ 묘한 풀이

병사를 지휘하여 싸우는데 능한 장수는 자신의 용맹과 위세를 뽐내지 않는다. 작전에 능한 사람은 침착한 성격을 가지고 있으므로 가볍게 화를 내지 않는다. 적을 잘 이기는 사람은 상대방과 다투지 않거니와 또 정면으로 맞서 싸우지 않는다. 사람을 잘 쓰는 사람은 자신을 낮추어 아래 사람을 성취시킨다.

이상은 모두 "다투지 않음"의 덕행을 나타내는 것이다. 이것이 바로 많은 인재들이 달갑게 그에게 쓰일 수 있는 위대한 힘이다.

"다투지 않음"과 "아래에 처하여 중생(眾生)을 성취시킴"을 할 수 있다면 이런 덕행은 천지의 덕과 서로 어울리므로 "덕행이 천지에 부합된다"고 할 수 있다.

제69장

전쟁을 모면(避免)하는 것은 군인의 사명이다

병력을 사용(用兵)할 때 이런 말이 있다. "나는 감히 주동적으로 전쟁을 하지 않고 피동적으로 하며 감히 한 치 앞으로 나아가지 않고 오히려 한 척 물러선다". 이를 일러 길에 줄을 지어 전진하는 군사를 볼 수 없고 옷소매를 걷어 올리고 싸우려는 것 같지만 팔이 보이지 않으며 사람들 손에 무기를 볼 수 없고 적이 없다고 한다.
적을 가벼이 여기는 것보다 더 큰 재앙은 없으며 적을 가벼이 여기면 자신의 보배를 거의 잃게 된다. 그러므로 군사를 일으켜 서로 맞설 때 애통과 분노를 품은 쪽이 이긴다.

※ 묘한 풀이

병력을 사용하는 군사 전문가가 이전에 이렇게 말하였다. "우리는 주동적으로 전쟁을 일으켜서는 안 되고 주동적으로 공격하여서도 안 되며 피동적이여야 하고 마지못해 비로소 응전해야 한다. 너무 탐욕스러워하지 말고 끝없이 욕심을 부리지 말며 신중해야 하고 양보해야 한다."(주동적으로 도전하고 욕심이 그지없는 자는 최후에 꼭 패 한다.)

군인의 신성한 사명은 전쟁터에 나가 적을 무찌르는 것이 아니라 최대의 가능성을 다하여 전쟁을 모면하는 것이다. 즉 출병할 필요가 없고 교전(交戰)할 필요가 없으며 무기를 사용할 필요가 없고 적으로 대할 대상(敵對)이 없다. 싸우지 않고도 세계평화를 실현하며 모두가 공존공영하는 이것이야말로 군인의 신성한 사명이다.

제일 큰 재난은 오만하고 자기가 강하다고 믿으며 상대방을 얕보거나 혹은 쉽사리 전쟁의 발단을 일으키는 것이다. 적을 얕잡아 보고 도전하고 전쟁을 좋아하는 사람은 앞에서 언급한 평화의 세 가지 보배를 깨끗이 잊어버렸다.

양군이 정면으로 충돌할 때 주동적으로 도전하고 교만한 군대는 반드시 패하며 피해를 입고 어쩔 수 없이 응전하는 애통하고 분노한 군대는 반드시 승리한다. (주동적으로 도전하여 군사를 일으키는 쪽은 반드시 국제적 공분(公憤)을 불러일으키고 피해를 입고 어쩔 수 없이 응전하는 쪽은 온 나라가 공동의 적에 대해 적개심을 가지고 함께 대적하며 또 국제적 지원도 얻게 되어 그 힘이 끝없다.)

제70장

예로부터 성현(聖賢)은 대부분이 고독하다

내 말은 이해하기 쉽고 행하기도 매우 쉬운데 천하 사람들은 이해하지 못하고 행하지 않는다.
내 말에는 근거가 있고 일에는 좌우지하는 힘이 있다. 이러함을 이해하지 못하기 때문에 나를 모르는 것이다.
나를 이해하는 사람이 드물기 때문에 나를 따라 행하는 사람이 더욱 귀하다. 그래서 성인은 겉에는 거친 베 옷을 입고 있지만 속에는 옥을 품고 있는 것이다.

※ 묘한 풀이

내가 제창(倡導)하는 "유연하고 겸허하며 아래에 처하고 다투지 않는다"는 아름다운 품성은 본래 신비한 것이 없고 이해하기 아주 쉽고 실행하기 아주 쉽다. 하지만 세상 사람들의 사상이 너무 복잡하고 습관적으로 부단히 자아를 강화하므로 일반 사람은 도리어 내가 말하는 내용의 깊은 뜻을 잘 알지 못하고 또 하기 쉽지 않다고 여긴다.

내가 말한 것은 모두 근거가 있고 대**도**를 의거로 하는 것이며 모두 우주의 진리 실상이다. 만약 우주의 운행 법칙을 알고 하늘의 **도**에 따라 행할 수 있다면 반드시 행복과 기쁨을 얻게 될 것이다.

그러나 세상 사람들은 **도**가 무엇인지 그리고 우주의 법칙과 생명의 실상에 대하여 아는 것이 매우 적으므로 내가 말하는 내용의 깊은 뜻을 잘 알지 못한다.

이 세상에서 나를 이해할 수 있는 사람이 아주 적고 본받아 실천할 수 있는 사람은 더욱 희소하고 진귀하다.

그러므로 고금간(古今)의 덕행이 있는 성인은 언제나 겉에는 소박한 거친 베옷을 입지만 속에는 값을 헤아릴 수 없는 진귀한 보물을 품고 있다. (겉은 평범하지만 속은 성스럽고 아주 높은 지혜를 가지고 있음에도 불구하고 개인의 우상숭배를 하지 않는다.)

제71장

'모른다'는 것을 아는 것이
진정으로 아는 것이다.

자신이 모르는 것을 아는 것이 최상이고 모르면서 안다고 여기는 것이 병이다. 성인에게 이런 병이 없는 것은 그것이 병이라는 것을 알고 있기 때문이다. 오직 그것이 병이라는 것을 알고 있기 때문에 병이 없는 것이다.

※ 묘한 풀이

진정으로 **도**를 깨닫고 **도**에 밝은 사람은 우주(**도**)가 정말 너무 심오하고 아주 현묘함을 알아 자기가 모르는 것이 사실상 아직도 아주 많음을 비추어 보므로 신복(臣服)하고 자아교만(我慢)이 철저히 소실된다. 이것은 제일 높은 심령 품질이다.

우주 진리 실상에 밝지 못하고 **도**를 진정으로 알지 못하는 사람만이 자기가 "모르는 것이 없고 못하는 것이 없다"고 여긴다. 이는 세상 사람들의 제일 큰 결함이다.

진정으로 덕행이 있는 성인이 "오만하고 잘난 체하는" 병에 걸리지 않는 것은 뭇사람이 쉽게 걸리는 병으로 자기를 경계하기 때문이다.

　뭇사람이 쉽게 걸리는 병으로 자신을 경계하므로 "오만하고 잘난 체하는" 병에 걸리지 않는다.

도덕경

심령으로 읽다

제72장

백성들이 위엄을
두려워하지 않으면 큰 위협이 닥쳐온다

백성들이 위엄을 두려워하지 않으면 큰 위협이 닥쳐온다.
백성들의 생존을 위협하지 말고 그들의 생활을 억압하고 착취하지 말아야 한다. 억압하고 착취하지 않으면 백성들은 싫어하지 않는다. 그러므로 성인은 자신을 알지만, 자신을 드러내지 않고 자신을 아끼지만 스스로 귀하다고 여기지 않는다. 그래서 저것을 버리고 이것을 취한다.

※ 묘한 풀이

독재적인 고압 통치는 다만 짧은 시간 동안만 효력이 있을 뿐이지만 만약 제때 조절하고 개선하지 않으면 어느날인가 백성들이 다시는 고압 권위 통치를 두려워하지 않을 때 이 정부는 큰 위험이 있게 된다.
정부가 실시하는 정책은 백성들의 생활공간을 비좁게 하지 말아야 하고 백성들의 생활 자원을 억압하고 착취하지 말아야 한다. 고압 통치를 하지 않고 백성들을 억압하고 착취하지 않으면 인민들은 정부를 싫어하지 않는다. 만약 어진 정치를 실행하고 백성을 사랑하면 자연히 민심을 크게 얻게 된다.

　그러므로 덕행이 있는 성인은 자신을 정확히 알지만 자아를 표현하기 좋아하지 않으며 자신을 애호하지만 스스로 존귀하다고 여기지 않는다.

　통치자가 만약 자기가 존귀하다고 여기고 또 자아의 중요함을 돌출적으로 나타내기 좋아한다면 고압 통치를 실행하여 민심을 잃는다. 만약 어진 정치를 실행하고 백성을 사랑하며 국민의 생활을 방해하지 않는다면 크게 민심을 얻을 수 있다.

　그러므로 지혜가 있는 지도자는 자연히 어떻게 선택해야 할지를 안다.

제73장

행패를 부리고
악착같이 경쟁하면 일찍이 요절한다

용감하게 굳음과 단단함을 나타내면 죽고 용감하게 유연함을 나타내면 산다. 이 두 가지 중 하나는 이롭고 하나는 해롭다. 하늘이 싫어하는 것에 대해 누가 그 이유를 알겠는가? 그래서 성인도 이를 알기 어렵다.

하늘의 도는 다투지 않아도 잘 이기고 말하지 않아도 잘 응하며 부르지 않아도 스스로 오고 느슨해도 잘 성취시킨다. 하늘의 그물은 끝없이 넓고 성긴 듯하지만 놓치지 않는다.

※ **묘한 풀이**

무릇 용감하게 과감히 항상 남을 이기려 하고 행패를 부리며 악착같이 경쟁하는 사람은 쉽게 목숨을 잃는 재앙을 초래하여 제명에 죽지 못한다. 무릇 용감하게 자아를 내려놓고 남을 이기려고 악렬히 경쟁하지 않으며 겸허하고 유연하며 아래에 처하고 남을 이롭게 함을 드러내는 사람은 도리어 행복하고 즐거운 인생을 살 수 있고 생명의 신성함을 발휘할 수 있다.

같은 "용감함"이지만 하나는 재앙을 초래하고 하나는 이익을 얻는다. 이런 지극히 오묘한 우주 인과율을 깊이 깨달을 수 있는 사람이 아주 적다. 그 중의 오묘는 "5+2=7, 5-2=3"의 논리관으로 이해할 수 있는 것이 아니다. 성인도 여전히 우주 인과율이 참으로 너무 오묘하다고 여긴다. 즉 행패를 부리며 악착같이 경쟁하고 승부욕이 강해 이기려 애쓰며 손해 보기 두려워하는 사람은 도리어 쉽게 재앙을 초래하지만 겸허하고 유연하며 공헌하고 봉사하기를 즐기는 사람은 오히려 그 인생이 대풍년이다. (인생의 묘한 수학:5+2=3, 5-2=7, 5-5=∞, 성인도 여전히 이 중의 오묘를 깊이 깨닫기 어렵다.)

도가 나타내는 대자연의 규율:

도는 만물과 다투지 않지만, 모든 만유의 어느 하나도 **도**를 이긴 적이 없다. 하늘의 **도**는 아무 말도 없지만 진심과 순수한 마음으로 간청하면 요구대로 다 들어준다. 하늘의 **도**는 마치 태양과 같아 부를 필요가 없이 자연히 광명과 에너지를 보내온다. 대자연은 겉보기에는 아주 느리고 아무런 성과가 없는 것 같지만 도리어 모든 것을 성취시킬 수 있다.

우주의 운행 법칙, 우주의 인과율은 마치 한 장의 지극히 넓은 하늘 그물 같고 구멍도 아주 크며 보기에는 존재하지 않는 것 같지만 일체 만유, 그 어떠한 항성계라도 하늘의 **도**의 운행 법칙에 따라 운행하지 않는 것이 없다.

제74장

가혹한 형벌과 엄격한 법률은
단지 겉만 일시적으로 해결할 뿐이다

백성들이 죽음을 두려워하지 않는다면 어찌 죽음으로 그들을 위협할 수 있겠는가? 만약 백성들이 정말로 죽음을 두려워한다면 나쁜 짓을 하는 자를 내가 잡아서 죽이면 누가 감히 법을 어기겠는가?
보통 죽이는 일을 맡은 자가 따로 있어서 죽이는 일을 하는데 그 일을 맡은자를 대신하여 죽이는 것은 마치 훌륭한 목수를 대신하여 나무를 베는 것과 같은 일이고 그 훌륭한 목수를 대신하여 나무를 베는 자는 거의 손을 다치지 않는 자가 없다.

※ 묘한 풀이

보통 사람들은 목숨을 아끼고 죽음을 두려워하지만 생명과 재산이 위협받는 일에 처할 때 백성들은 죽음을 두려워하지 않고 목숨을 다해 지킨다. 통치자가 항상 "엄한 형벌과 법률"로 백성들을 위협하는 것을 어찌하겠는가?

만약 백성들이 정말로 목숨을 아끼고 죽음을 두려워한다면 법을 위반한 몇 사람을 잡아 참수하여 대중에게 보여주면 이제부터 응당 감히 법을 어기는 사람이 없을 것이다. 하지만 사실상 이렇지 않다. (엄한 형벌과 법률은 겉만 일시적으로 해결할 수 있을뿐이지 **도**로 교육하고 감화하여야만이 근본적으로 해결할 수 있다.) 대자연 본신은 "상생상극"의 원리를 통하여 동태적인 평형을 유지한다. 대자연은 자연히 그 인과법칙(因果律)이 운행되고 있다. 그러나 적지 않은 사람들은 자신을 정인군자, 정의를 지키는 군대로 규정짓고 대대적으로 하늘의 뜻을 대신하여 **도**를 행하려 한다.

이원대립의 관념에서 출발하여 자아, 소아로 하늘의 뜻을 대신하여 **도**를 행하려 하는 사람은 또한 쉽게 상대방의 보복과 상해를 받는다. (상대방은 자신들이 피해자라고 여기고 일어나서 결사적으로 저항한다.)

제75장

가혹한 정치는 호랑이보다 더 사납다

백성들이 굶주리는 것은 통치자가 세금을 너무 많이 거두기 때문이다. 그래서 백성들이 굶주린다.
백성들을 다스리기 어려운 것은 통치자가 제멋대로 행하기 때문이다. 그래서 다스리기 어렵다.
백성들이 죽음을 가볍게 여기는 것은 통치자가 사치스러운 생활을 추구하기 위하여 백성들을 잔인하게 억압하고 착취하기 때문이다. 그래서 죽음을 가볍게 여긴다.
오직 집착이 없는 삶을 사는 자가 진정으로 자신의 삶을 귀하게 대하는 것이다.

※ 묘한 풀이

백성들이 무엇 때문에 굶주림에 시달리는가? 그것은 집권자가 세금을 너무 많이 거두고 부역이 너무 많기 때문에 백성들이 굶주림에 시달린다.
백성들이 간악한 사람으로 되어 다스리기 어려운 까닭은 정부가 번거롭고 가혹한 법령을 실행하며 억지로 간섭하고 제멋대로 행동하여 백성들을 마음이 순수하지 못하게 훈련했기에 다스리기 어렵다.

　백성들이 어찌하여 목숨을 걸고 저항하는가? 그것은 정부관원이 탐오하고 백성들의 피와 땀으로 모은 재물을 강제로 **빼앗아** 물 쓰듯 하므로 백성들이 목숨을 내걸고 탐관오리와 대항한다.

　상위에 있는 지도자가 만약 청렴하게 집권하며 탐오하지 않고 개인의 향락을 탐내지 않으며 백성을 보호하고 인민을 사랑한다면 반드시 크게 인심을 얻는다. 백성들의 옹호와 경애를 받는 이것이야말로 생명을 소중하게 대하는 가장 좋은 **도**이다.

제76장

굳고 강하면 쉽게 패하고 유연하면 쉽게 이룬다

사람의 몸은 살아 있을 때 부드럽고 연약하지만 죽으면 굳고 강해진다. 만물 초목도 살아 있을 때에는 부드럽고 연약하지만 죽으면 마르고 굳어진다.
그러므로 굳고 강한 것은 죽음과 한 무리이고 부드럽고 연약한 것은 삶과 한 무리이다.
그러므로 군사력이 강하다고 교만하면 패하고 나무가 강하면 부러진다. 강대한 것은 하위에 처하고 유약한 것은 상위에 처한다.

※ 묘한 풀이

우리의 육체는 생명이 존재할 때는 유연함을 나타내고 죽을 때에는 굳어짐을 나타낸다.

만물 초목도 마찬가지로 생명이 있을 때는 자연히 유연함을 나타내지만, 죽을 때는 마르고 굳어짐을 나타낸다.

그러므로 몸과 마음이 굳고 오만하며 강직한 사람은 살아 움직이는 고깃덩어리 같고 또한 쉽게 뜻밖의 재난을 불러온다.

만약 몸과 마음이 유연함을 나타내며 허심히 학습하고 남을 이롭게 하는 일에 봉사할 수 있는 사람은 그 삶을 매우 유쾌하게 살고 생명의 가치를 발휘한다.

그러므로 군사력이 매우 강하다고 교만하며 오만함을 과시하기를 좋아하는 군대는 보통 적을 깔보므로 쉽게 패한다.

나무가 굳고 강하면 쉽게 벌채되거나 큰바람에 의해 쉽게 부러진다.

자기가 강하다고 자만하고 교만하며 기세로 남을 압도하는 사람은 다만 일시적으로만 이길 수 있을 뿐 결국에는 반드시 실패한다.

유연하고 아래에 처해 있음을 나타내며 중생을 위해 봉사하는 사람은 보기에는 바보같지만, 이런 사람이 오히려 쉽게 성과를 이룬다.

제77장

만물은 서로 산생하고
서로 억제하면서 동적인 균형을 유지한다

하늘의 도는 마치 활을 당기는 것과 같지 않는가? 높으면 눌러주고 낮으면 올려주며 여유가 있으면 덜어내고 부족하면 보충한다.

하늘의 도는 여유가 있는 것을 덜어내어 부족한 것에 보충한다. 인간의 도는 그렇지 않아 부족한 것을 덜어내어 여유가 있는 것에 바친다.

누가 여유가 있는 것을 천하에 바칠 수 있겠는가? 오직 득도한 사람만이 이렇게 할 수 있다.

그러므로 성인은 하고도 교만하지 않고 공을 세우고도 자처하지 않으며 자신의 현명함을 드러내려 하지 않는다.

※ 묘한 풀이

대자연의 운행 법칙:

만물은 "상생상극"을 통하여 동태 균형을 유지한다.

천지의 운행 법칙은 그 이치가 마치 활을 당겨 화살을 쏘는 것과 같다. 너무 높이 들면 아래로 조절하여 낮춰야 하고 만약 너무 낮게 들면 위로 들어올려야 한다. 활줄이 만약 너무 팽팽하면 조금 느슨하게 해야 하고 만약 너무 느슨하면 조금 팽팽하게 조여야 한다.

천지의 운행 법칙: 여유가 있고 지나치게 왕성한 부분을 덜어내어 허약하고 부족한 것에 보충한다.

세속 사람은 그렇지 않아 흔히 약소한 자를 억압하고 백성들의 고혈을 착취하여 집권자들에게 아첨하기 좋아하며 빛나는 것을 더욱 빛나게 하기를 즐긴다.

누가 자기가 아주 부유함을 스스로 느끼고 매우 많은 여분의 물자와 시간을 천하 사람들을 위하여 봉사하고 공헌하며 헌신할 수 있겠는가? 오직 **도**를 배우고 **도**를 깨닫고 **도**에 밝으며 천지와 합일한 사람만이다.

그러므로 덕행이 있는 성인은 자연히 **도**의 특징 특성을 사실대로 나타낸다. 즉 중생에게 이익을 주는 일을 아주 많이 하였지만 오만한 마음이 없고 나라와 인민을 위하여 공을 세웠지만 공로가 있다고 자처하지 않으며 더욱 자신이 얼마나 대단하고 얼마나 고상하다고 뽐내지 않는다.

제78장

우주에서 가장 위대한 힘—대애(大愛)

천하에 물보다 더 부드럽고 약한 것이 없지만 굳고 강한 것을 공략하는 데는 그를 이길 것이 없다. 왜냐하면 물을 대신할 만한 것은 없기 때문이다.
약한 것이 강한 것을 이기고 부드러운 것이 단단한 것을 이기는 것을 천하에 모르는 사람이 없지만 실행할 수 있는 사람은 아주 적다.
그러므로 성인은 이렇게 말한다. "나라를 위하여 백성들의 비난을 견디는 사람을 나라의 군주라 할 수 있고 나라의 재난을 받아들이는 사람을 천하의 왕이라 할 수 있다." 진리의 말은 세상 사람들의 인식과 반대인 것 같다.

※ 묘한 풀이

천하에 당신이 볼 수 있는 모든 것 중 물보다 더 부드럽고 약한 것이 없다. 하지만 만약 굳고 강한 것을 공략하려면 물의 힘보다 더욱 큰 것이 없다. 왜냐하면 어느 한 가지 물질의 힘도 물을 이길 수 없기 때문이다.
약한 것이 강한 것을 이길 수 있고 부드러운 것이 굳센 것을 이길 수 있다는 이런 이론을 천하 사람들은 모두 알지만 실행 할수 있는 사람이 아주 적다. (왜냐하면 일반 사람은 자아를 강화하는데 습관이 되어 이기려고 애쓰므로 쉽게 유연해지려 하지 않는다.)

그러므로 지혜가 있는 성인은 말한다. "만약 한 사람이 유연한 정도가 나라를 위하여 국민의 모욕을 받아도 아랑곳하지 않는다면 이 사람은 나라의 중대한 책임을 감당할 수 있고 만약 유연한 정도가 국가의 고난, 재난을 감당하여도 불평이 없을 수 있다면 이런 사람을 천하의 왕이라고 할 만하다."

진정으로 천지의 **도**에 맞는 언론은 일반 사람들의 인식과 완전히 상반되는 것 같다. (세속 사람들은 늘 하늘의 **도**에 어긋나게 행동하고 스스로 고생을 사서 한다.)

제79장

하늘의 도는 편애가 없고
항상 선량한 사람에게 베푼다

큰 원한을 화해한다 해도 반드시 남은 원한이 있을 것이니 어찌 훌륭하게 처리하였다고 할 수 있겠는가?
그러므로 성인은 차용증을 갖고 있으면서도 빚진 사람에게 갚으라고 독촉하지 않는다. 덕이 있는 사람은 차용증을 가지고 재촉하지 않는 사람 같고 덕이 없는 사람은 세금 받는 사람 같다.
하늘의 도는 편애가 없고 항상 선량한 사람에게 베푼다.

※ 묘한 풀이

은혜와 원한의 세계에서 큰 원한과 충돌을 화해시키면 비록 효과가 좀 있지만 완전히 풀 수 없고 여전히 원한을 남겨 놓는다. 이런 걸만 일시적으로 해결하는 방식이 어찌 최상의 방법이라고 할 수 있겠는가?
그러므로 덕행이 있는 성인은 차용증을 남겨두지만, 상대방을 갚으라고 강요하지 않는다. (충돌 대립을 풀려면 이 시각, 나부터 시작하여 충돌 대립을 만들어 원한을 쌓은 후 다시 방법을 강구하여 화해하지 말아야 한다.)

  덕이 있는 사람은 베풀고 요구하지 않으며 덕이 없는 사람은 요구함을 강조하고 베풀지 않는다.

  하늘의 **도**는 사적인 정에 치우침이 없고 편애가 없지만 (모든 인류, 모든 종족을 평등하게 애호한다.) 항상 마음씨 고운 사람에게 복을 내린다. (왜냐하면 마음씨 고운 사람은 그 심령 주파수가 **도**에 접근하므로 쉽게 공명과 공진을 일으켜 천지 부모가 내린 복을 느끼기 때문이다.)

제80장

한 마을 한 천국

이상적인 나라는 작고 백성은 적다. 많은 군사장비와 무기가 있어도 쓸 필요가 없고 백성들로 하여금 생명을 소중히 여기고 이곳저곳으로 이사 다닐 필요가 없도록 한다. 비록 배와 수레가 있지만 탈 필요가 없고 비록 갑옷과 무기가 있지만 진열하여 사용할 기회가 없다. 백성들로 하여금 끈을 매듭지어 일을 기록하는 순박한 상태로 돌아가게 한다.

사람들은 맛있는 음식을 먹고 고운 옷을 입으며 편안한 거처가 있고 즐겁게 놀 수 있는 풍속이 있다. 이웃 나라끼리 서로 바라볼 수 있고 닭이 울고 개가 짖는 소리를 서로 들을 수 있어도 백성들은 늙어 죽을 때까지 서로 오가지 않는다.

※ 묘한 풀이

이상적인 사회구조제도는 "자급자족의 지역 사회"(작은 자치구)의 이념(理念)을 될 수 있는 대로 널리 보급하는데 토지의 범위는 매우 넓을 필요가 없고 인구는 많이 필요 없다. 다시 말하면 한 마을 혹은 한 개 읍이 바로 하나의 천국이다.

대**도**가 널리 보급된 후 인심은 점점 순박하고 무던하며 선량해진다. 그러므로 무기가 있다고 해도 사용하지 않는다. (왜냐하면 우리는 모두 한 뿌리 한 근원의 형제자매이고 우리는 생명공동체임을 체험하고 터득하였기 때문이다.)

백성들이 자신의 생명을 소중히 여기고 중요시하도록 하여 사람마다 안심하고 자유로우며 여기저기 옮겨 다닐 필요가 없게 한다. 마을 안의 기본 생활필수품은 대부분이 자급자족할 수 있으므로 비록 배나 수레가 있어도 탈 필요가 없고 비록 무기와 장비가 있다고 해도 모두 진열하여 사용할 필요가 없다. 백성을 인도하여 끈에 매듭을 지어서 일을 기록하는 상고(遠古) 시기의 순박한 상태로 돌아가게 한다.

작은 자치구는 아주 쉽게 잘 다스릴 수 있으므로 백성들은 모두 달고 맛있는 음식을 먹을 수 있고 아름다운 옷을 입을 수 있으며 사람마다 모두 안정된 거처가 있고 기쁨에 넘치는 문화와 민속도 있다.

만약 한 마을이 한 천국이라는 이념을 실행할 수 있다면 사람마다 물질생활이 풍족하고 정신생활이 부유하여 사회는 자연히 매우 안정되므로 이웃 마을을 서로 바라볼 수 있고 닭이 울고 개가 짖는 소리를 서로 들을 수 있지만 생활이 안정되고 부유하며 부족한 것이 없으므로 일생토록 이웃 마을에 가서 무슨 도움을 청할 필요가 없다. (이것은 오염이 없고 폐물이 없는 생활 방식이다. 보기에는 실제에 부합되지 않는 것 같지만, 이것은 진정으로 에너지 절약과 탄소 배출량의 감소를 실행하는 것이고 지구로 하여금 푸른 산과 맑은 물을 보전하고 영원히 번영 창성하게 하는 고품질의 생활방식이다.)

한 마을 한 천국

한 마을 한 천국

제81장

함께 나누는 것이 많을수록
생명은 더욱 부유하다

진실한 말은 화려하지 않고 화려한 말은 진실하지 않다.
선량한 사람은 논쟁하지 않고 논쟁하는 사람은 선량하지 않다.
진정으로 (도를) 아는 자는 박식하다고 여기지 않고 박식하다고 여기는 자는 (도를) 알지 못한다.
성인은 쌓아 두지 않으며 남을 위할수록 더욱 생기고 남에게 줄수록 더욱 많아진다. 하늘의 도는 이로울 뿐 해가 없고 성인의 도는 위할 뿐 다투지 않는다.

※ 묘한 풀이

 진실한 언어, 귀에 거슬리는 충고의 말은 듣기 거북하고 화려하지 않다. 화려한 언어, 듣기 좋은 말은 흔히 진실하지 않다.
 선량한 사람은 논쟁하기 좋아하지 않고 논쟁하기를 좋아하는 사람은 흔히 선량하지 않은 사람이다.
 진정으로 **도**를 깨닫고 생명의 실상을 아는 사람은 자기가 박식하다고 자랑하지 않으며 자기가 박식하고 고금사에 정통한다고 자랑하기를 좋아하는 사람은 **도**를 모르고 아직 진리 실상을 깨닫지 못한 사람임을 나타낸다.

  덕행이 있는 성인은 사심이 없고 종래로 자신을 위하여 명예와 이익, 재산을 쌓아 두지 않는다. 심령이 부유하고 부족함이 없으므로 그 인생을 모두 천하 백성을 위해 봉사하는데 사용한다. 바로 이기적으로 자신을 위하지 않기 때문에 천하 백성들이 보답하는 것이 오히려 더 많다. 덕행이 있는 사람의 재물과 자원은 모두 천하 창생들과 함께 나누는데 사용하므로 천하 백성들이 보답하는 것이 또 더욱 많다. (이것은 아주 오묘한 진리인데 사심이 없이 봉사할수록 생명은 오히려 더욱 부유하다.)

  하늘의 **도**의 운행 법칙은 무아무사하고 만물을 이롭게 할 뿐 해치지 않는다. 덕행이 있는 성인은 **도**와 비슷하다. 묵묵히 성과를 내고 모든 중생에게 이익을 줄 뿐 세상과 다투지 않는다.

2017년 3월 26일
중국 항주 천도호에서 완성

모든 인류가 배워야 할 지혜 -《도덕경》

「01」

중국의 노자(老子)는 이(李)성을 가지고 이름은 이(耳)이며 자는 담(聃)으로 약 기원전 571년에 탄생하였다. 그가 저술(著述)한 《도덕경》은 중화민족의 훌륭한 전통문화에서 가장 중요한 전서로 그 안에 담긴 지혜는 중화민족을 2천5백여 년 동안 영향을 미쳤다.

사람들에게 익히 알려진 "도에서 하나가 생기고 하나에서 둘이 생기며 둘에서 셋이 생기고 셋에서 만물이 생긴다." "천 리 길도 한 걸음부터 시작된다." "최상의 선(上善)은 물과 같다." "사람은 땅을 본받고 땅은 하늘을 본받으며 하늘은 도를 본받고 도는 대자연을 본받는다." "낳아 길러주되 소유하지 않고 하고도 오만하지 않으며 키우지만 지배하지 않고 공적이 이루어져도 자처하지 않는다."라는 등 진리의 명언들이 모두 중국 노자(老子)의 《도덕경》에서 나왔다.

노자(老子)의 이원대립(二元對立)을 초월한 고등 심령 지혜는 인류 문명의 공통 재부이다. 《도덕경》은 이미 국제화를 이루었는데 이른 16세기부터 서양 언어로 번역되었으며 18세기 독일의 유명 철학자 헤겔(黑格爾) 등 사람들은 《도덕경》을 깊이 연구하였다.

현재 《도덕경》은 독일 가정에서 "두 번째 성경(聖經)"으로 여겨지고 있으며 "중국 성전(聖典), 세계 성경(聖經)"으로 불리기도 한다.

「02」

현재 세계 경제 발전의 추세가 가속화되면서 인류가 탐욕죠으로 지구 자원을 빼앗는 모습이 증가하고 지구 환경이 끊임없이 파괴되고 있다. 인류 심령의 이원대립(二元對立)과 불안정성으로 인해 갈등이 지속되고 전쟁이 끊이지 않으며 일부 나라와 지역의 사람들은 정상적이고 안정된 생활을 살 수 없다. 지구 환경에 발생한 큰 문제는 이미 누구나 명백히 인식할 수 있는 사실이다.

인류는 도대체 어디로 향하고 있는 걸까? 더 많은 지구 자원을 빼앗아 끊임없이 확장하는 욕망을 만족시키려는 것인가? 아니면 제한도 장벽도 없는 지혜로 마음을 안정시키려는 것인가?

곽영진(郭永進) 선생은 청소년 시기부터 우주의 진리와 생명 실상에 대해 탐색을 시작하여 동서양 철학 지혜와 심리학을 모두 깊이 있게 연구하였다. 1999년 9월 곽영진 선생은 생명에 대한 이해와 체험에서 중대한 돌파와 완전한 변화를 이룩하였으며 노자(老子)의 《도덕경》에서 인류 심령 문제를 해결하는 지혜를 찾아냈다.

《도덕경》은 심오하고 깊은 지혜를 품고 있으며 번역본이 천여 종을 넘지만, 오해되는 경우가 매우 심각하다. 많은 번역본이 문자 그대로 해석하기 때문에 노자의 지혜와 신운이 사라져 오랫동안 현실에서 무관한 현학(玄學)으로 여겨져 왔다. 또한 많은 독자들이 한자(漢字)의 뜻을 이해하기 어려워 지혜의 문 앞에서 발을 멈추기도 한다. 이런 여러 가지 원인으로 대다수 사람들이 노자의 지혜와 심법을 진정으로 느끼지 못하고 있는 것은 정말 유감스러운 일이다.

《도덕경》 속의 깊은 뜻을 정확히 푸는 과정은 노자 지혜를 운용하는 중요한 단계(環節)이다. 만약 이 과정이 제대로 이뤄지지 않는다면 이 지혜의 귀중한 경전인 《도덕경》의 역사적 의의가 드러나지 못할 뿐만 아니라 노자의 본의를 오해할 위험도 있다. 이 문제를 해결하기 위해선 우선 풀고 해석하는 사람이 《도덕경》의 핵심 지혜에 상응하는 마음가짐을 갖추어야 한다.

곽영진 선생은 2002년부터 《도덕경》을 널리 전하기 시작하였는데 그의 체험을 통해 깨달은 바는 다음과 같다. 《도덕경》을 정확히 풀고 해석하기 위해서는 "청정한 본심"이 필요하며 노자가 말한 「자아를 완전히 내려놓고(致虛極) 마음의 고요함을 굳게 지켜야 한다(守靜篤)」 왜냐하면 노자의 지혜는 대자연의 지혜를 보여주는 것이며 제한도 없고 장벽도 없으며 "도는 대자연을 따르(道法自然)"기 때문이다.

중화민족의 훌륭한 전통문화가 널리 보급되고 있는 오늘날 노자의 핵심 지혜를 정확히 전달하면서도 쉽게 이해할 수 있는 《도덕경》 번역본이 매우 필요하다. 곽영진 선생은 이 배경에서 2017년 2월 5일에 필을 들여 2017년 3월 26일에 완성하여 《도덕경 묘한 풀이》가 세상에 나오게 되었다.

《도덕경 묘한 풀이》는 6만여 자로 구성되어 있으며 쉽고 명료한 언어와 고풍스럽고 순후(古樸淳厚)한 풍격으로 노자의 지혜를 풀어서 설명한다. "최상의 선은 물과 같음(上善若水)"의 유연한 지혜, "오로지 다투지 않으므로(夫唯不爭), 천하에 그와 다툴 자가 없음 (故天下莫能與之爭)"의 불쟁하는 지혜, "하늘과 땅은 장구하다.(天長地久), 하늘과 땅이 길고 오래갈 수 있음은(天地所以能長且久者), 스스로 자신의 삶을 도모하지 않기때문임(以其不自生) (故能長生)"의 무아·무사(無我無私)한 지혜 등《도덕경》속의 지혜는 곳곳에 존재하며《도덕경 묘한 풀이》는 이를 하나하나 해명한다. 개인에서부터 가정, 기업, 정부, 국제사회에 이르기까지 모든 문화 배경과 연령층의 사람들이 쉽게 이해할 수 있으며 실제 생활에 적용하여 삶과 사회의 여러 문제를 해결할 수 있다. 특히 학교 교재로 사용하기에 적합하다.

곽영진 선생은 '서문'에서《도덕경》을 학습하는 것이 전 인류에 미치는 중요한 의의를 설명하였다. 즉 우주와 만물이 어떻게 생성되고 우주의 운행과 변화의 법칙이 무엇인지를 이해함으로써 인류에게 질 높은 삶의 방식을 제시하고 지구가 영원히 번영할 수 있는 길을 안내하였다. 또한 사람들이《도덕경》의 지혜를 쉽게 흡수할 수 있는 마음가짐에 대해 알려주었다.

「03」

중국 청산(靑山) 전통문화 발전재단

　청산 전통문화 발전재단은 우수한 전통문화를 널리 전하는 것을 종지(宗旨)와 사명으로 삼는 공익 자선 기구로 2016년 9월에 공식적으로 설립되었다. 《도덕경 묘한 풀이》는 재단이 설립된 이후 세계적인 범위에서 추진하는 첫 번째 중대한 프로젝트이다. 재단은 《도덕경 묘한 풀이》가 동양 지혜를 바탕으로 인류의 심령 품질을 높이고 지구 환경을 보호하는 재단의 목표와 완벽하게 일치하다고 판단하여 책, 동영상, 오디오 등 다양한 형태로 《도덕경 묘한 풀이》를 출시하였을 뿐만 아니라 영어, 독일어 등 여러 나라 언어로 번역하고 전 세계에 전파하여 세계 각국의 다양한 사람들이 연구할 수 있도록 하였다.

　중화 문화는 오랜 역사를 가지고 찬란하게 빛나고 있다. 5000여년의 문명 발전 과정에서 육성된 중화민족의 훌륭한 전통문화는 세계 문명의 귀중한 보물(瑰寶)이다. 2017년 1월 18일 중국 국가 주석 시진핑은 유엔 제네바 본부에서 「인류의 운명공동체를 함께 구축하자」라는 제목의 연설을 하여 큰 반향을 이끌어냈다. 여러 나라의 지도자들 앞에서 시주석은 "우리는 천인합일(天人合一), 도법자연(道法自然)의 이념을 따르며 영구적이고 지속적인 발전의 길을 모색해야 한다"고 지적했다.
　"천인합일, 도법자연"은 바로 《도덕경》지혜의 핵심으로 동양의 지혜가 세계의 어려운 문제를 해결하기 위한 등대(燈塔)가 되었다.

《도덕경 묘한 풀이》는 우주관과 제한도 장벽도 없는 위대한 지혜로 가득 차 있다. 그 탄생은 심원한 역사적 의의와 위대한 현실적 의의를 지니고 있으며 한 권의《도덕경 묘한 풀이》가 손에 있으면 나라와 가정을 다스리는 데 필요한 지혜가 충분하다.

《도덕경 묘한 풀이》가 전 인류의 마음속으로 들어가기를 기원한다.
이에《도덕경 묘한 풀이》저술자 곽영진 선생의 서문 끝부분을 인용하여 우리 공동의 소원을 밝히겠다.
"대도가 광범히 전해지고 비바람이 순조로우며 나라가 태평하고 백성들의 생활이 안정되며 세계가 평화롭기를 축원한다."

중국 청산 전통문화 발전재단

도덕경 묘한 풀이

초판 1쇄	2025년 10월 2일
지은이	곽영진
발행인	김재홍
교정/교열	김혜린
디자인	박효은
마케팅	이연실
발행처	도서출판지식공감
등록번호	제2019-000164호
주소	서울특별시 영등포구 경인로82길 3-4 센터플러스 1117호(문래동1가)
전화	02-3141-2700
팩스	02-322-3089
홈페이지	www.bookdaum.com
이메일	jisikwon@naver.com
가격	17,000원
ISBN	979-11-5622-963-6 03140

ⓒ 곽영진 2025, Printed in South Korea.

- 이 책은 저작권법에 따라 보호받는 저작물이므로 무단전재와 무단복제를 금지하며, 이 책 내용의 전부 또는 일부를 이용하려면 반드시 저작권자와 도서출판지식공감의 서면 동의를 받아야 합니다.
- 파본이나 잘못된 책은 구입처에서 교환해 드립니다.